Face à l'avenir

LA SCIENCE DE L'ESPACE

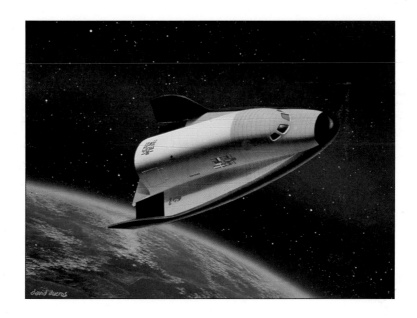

Ian Graham   –   Louis Morzac

Éditions Gamma   –   Les Éditions École Active

L'édition originale de cet ouvrage
a paru sous le titre *Space Science*
Copyright © Evans Brothers Limited, 1992
2A Portman Mansions, Chiltern Street,
London W1M 1LE
All rights reserved

Adaptation française de Louis Morzac
Copyright © Éditions Gamma, Tournai, 1992
D/1992/0195/94
ISBN 2-7130-1380-1
(édition originale: ISBN 0 237 51 1827)

Exclusivité au Canada:
Les Éditions École Active,
2244, rue Rouen, Montréal H2K 1L5
Dépôts légaux, 4ᵉ trimestre 1992
Bibliothèque nationale du Québec
Bibliothèque nationale du Canada
ISBN 2-89069-324-4

Imprimé à Hong Kong

Origine des photographies:

Couverture, photo principale: European Space Agency/Science Photo Library; encadré: Boeing Aircraft Company/Science Photo Library; Page de titre: European Space Agency; page 5: Tom Van Sant/Geosphere Project Santa Monica, Science Photo Library; page 6: European Space Agency; page 7: New Scientist, London; page 8 (à gauche et à droite): European Space Agency, Science Photo Library; page 9: Earth Observation Satellite Co. (EOSAT) Lanham Maryland USA; encadré: Bill Wood, Bruce Coleman Limited; page 10 (à gauche): Sinclair Stammers, Science Photo Library; (à droite): Earth Satellite Corporation, Science Photo Library, page 11: J.D. Griggs, G.S.F. Picture Library; page 12 (en haut à gauche et en bas): NASA (au milieu): Alex Bartel, Science Photo Library; (à droite): Nigel Cattlin, Holt Studios Ltd; page 13: Dr Gene Feldman/NASA GSFC, Science Photo Library; page 14: NASA; page 15: Science Photo Library; page 16: Hughes Aircraft Company; page 17 (à gauche): Ford Motor Company; (à droite): NASA, Science Photo Library; page 18: Robert Harding Picture Library; encadré: Navstar Ltd; page 19: Rodney A. Brooks, MIT Artificial Intelligence Laboratory, Massachusetts USA; page 21: Gary Cook, *The Sunday Times*, 25 February 1990; page 22 (en haut): Hughes Aircraft Company (en bas): Martin Marietta; page 23: Martin Marietta; page 24: Hughes Aircraft Company; page 25: NASA, Science Photo Library; page 26: Jack Finch, Science Photo Library; page 27 (en haut): Roger Ressmeyer/ Starlight, Science Photo Library; encadré: Hencoup Enterprises, Science Photo Library; en bas: Space Telescope Science Institute/NASA, Science Photo Library; page 28 (en haut à gauche): Dr Leon Golub, Science Photo Library (en haut à droite): NASA/Science Photo Library (en bas): Robert Harding Picture Library; page 29 (en haut): *Race to Mars: The ITN Flight Atlas*, copyright Roxby Press Ltd; page 30 (en haut): NASA; (en bas): Roger Ressmeyer/Starlight, Science Photo Library; page 31: Martin Marietta; page 32: NASA, Science Photo Library; page 33 (en haut): British Aerospace Space Systems Ltd (en bas): Deutsche Aerospace; page 34: Fotokhronika Tass; page 35: Alan Chinchar, NASA; page 36 (en haut): NASA, Science Photo Library; (en bas): European Space Agency/NASA; page 37: Genesis Space Photo Library; page 38: NASA, Science Photo Library; encadré: *Race to Mars: The ITN Flight Atlas*, copyright Roxby Press Ltd; page 39 (en haut à gauche): Fotokhronika Tass; (à droite en haut et en bas): NASA, Science Photo Library; page 40: David A. Hardy; page 42 (à gauche): A. de Menil, Science Photo Library; (à droite): Malcolm Fielding/The BOC Group PLC, Science Photo Library; page 43: Fotokhronika Tass; encadré: Black and Decker Ltd.

Les mentions URSS ou Union soviétique se réfèrent à l'époque précédant la naissance de la Communauté des États Indépendants (CEI).

Sommaire

Introduction

La science de l'Espace date de temps immémoriaux lorsque l'homme regarda les étoiles pour la première fois en s'interrogeant sur leur nature. Durant des millénaires, la science telle que nous la connaissons a évolué et les savants ont transformé les interrogations en théories des astres et des espaces interstellaires.

Jusqu'à l'ère de l'Espace, les théories spatiales ne pouvaient se vérifier que par des observations et des mesures faites à la surface terrestre. Malheureusement, l'**atmosphère** terrestre arrête ou déforme tous les **rayonnements** utilisables qui nous viennent de parties lointaines de l'Univers. Les étoiles par exemple paraissent scintiller aux yeux de l'observateur terrestre parce que les rayons lumineux sont réfractés en traversant l'atmosphère. Ce phénomène empêche les astronomes de réaliser des images nettes d'étoiles lointaines et de **galaxies**. Cependant, l'ère de l'Espace a fourni aux savants l'occasion de placer des satellites à l'extérieur de l'atmosphère terrestre où ils obtiennent une vue plus nette de l'Univers.

L'ère de l'Espace débute le 4 octobre 1957 par le lancement d'un minuscule satellite sphérique d'origine soviétique, appelé Spoutnik 1. C'est le premier objet de fabrication humaine à être lancé dans l'Espace extra-atmosphérique. Depuis lors, des milliers de satellites ont été lancés, principalement par les États-Unis et l'URSS. Ce ne sont plus des sphères minuscules. Les plus grands d'entre eux ont une masse de plusieurs **tonnes** et leur **charge utile** électronique est bien plus sophistiquée que le simple émetteur radio transporté par l'engin spatial Spoutnik 1.

Les satellites de ressources terrestres

Les satellites sont d'une utilisation croissante dans l'exploration de la Terre à partir de l'Espace. De vastes régions du Globe n'ont pas été étudiées en détail à partir du sol. Les vues prises par satellites permettent de dresser des cartes d'une façon relativement peu onéreuse.

Différents types de sol, de roches et de végétation réfléchissent l'énergie solaire de manières différentes. Des satellites sont équipés de **capteurs** capables de détecter ces différences et de les faire apparaître en couleurs distinctes. L'utilisation de cette méthode a permis la découverte de nouveaux gisements de minerai de cuivre en Bolivie et en Colombie, et d'or en Australie. Les océans sont également surveillés par satellite car ils peuvent affecter le climat.

Les satellites destinés à explorer la Terre à partir de

GUIDE DE L'ATMOSPHÈRE TERRESTRE

Distance orbitale maximale de la navette : 10 000 km

Exosphère (commence à 400 km)
Aurores boréales et australes (300-700 km)

Satellites lâchés par leurs fusées de lancement à 300 km

Thermosphère (80-400 km)

Météores (80-280 km)

La navette amorce sa rentrée à 122 km.

Début de l'Espace à 100 km

Mésosphère (50-80 km)

Ballons-sondes météorologiques avec émetteur radio (50 km)

Stratosphère (12-50 km)

L'avion espion U-2 (27 km)

Concorde (18 km)

Troposphère (0-12 km)
Avions de ligne à réaction (10 km)
Mont Everest (8 850 m)
Nuages (500-10 000 m)

Gratte-ciel le plus élevé du monde - Sears Tower à Chicago, Ét.-U.

Kilomètres

400 — 300 — 100 — 90 — 80 — 70 — 60 — 50 — 40 — 30 — 20 — 10 — 0

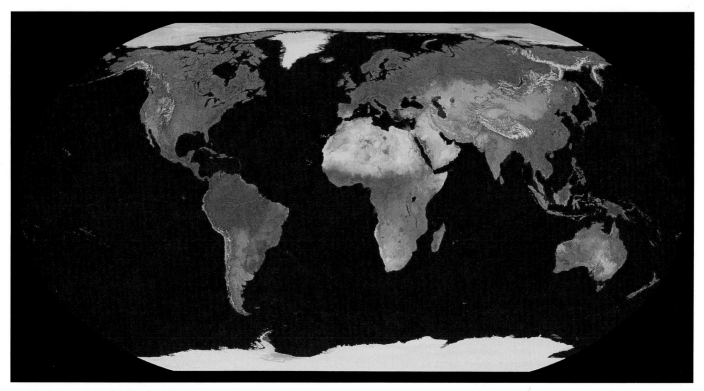

Image frappante de la Terre réalisée en assemblant des milliers de photos prises par des satellites TIROS. Pour donner une image claire des océans et des terres, seules des photos sans nuage ont été sélectionnées.

l'Espace pour déterminer la nature du sol, voire du sous-sol, et permettre la découverte de richesses naturelles, sont appelés satellites de ressources terrestres.

La science dans l'Espace

Il existe de nombreux autres types de satellites, conçus et fabriqués pour des missions spécifiques: communications, navigation, météorologie et astronomie. On en connaît moins sur les satellites militaires utilisés par de nombreux pays à des fins d'espionnage. Un autre type d'engin spatial est la sonde de l'Espace lointain, conçue pour des missions d'exploration d'autres planètes du système solaire.

La gravité, cette force d'attraction qui nous maintient à la surface de la Terre, peut provoquer des effets indésirables dans certaines expériences scientifiques et certains processus de fabrication réalisés sur Terre. On peut éliminer les effets de la gravité en exécutant ces tâches à bord de vaisseaux spatiaux en orbite permanente, appelés stations orbitales. Ces vastes structures et leurs équipages sont ravitaillés à partir de la Terre par des navettes spatiales. La navette américaine constitue la première étape dans la réalisation d'un vaisseau spatial de ravitaillement et d'entretien d'une station spatiale. L'Agence Spatiale Européenne (ASE) désigne quant à elle, sous le nom Columbus, un programme de 4 modules différents habités ou non, pour la poursuite de l'exploration de l'Espace. Le premier de ces modules serait un élément qui viendrait s'arrimer à la station spatiale américaine dont il constituerait l'élément européen.

Il vous est loisible d'émettre votre point de vue en répondant aux questions que vous trouverez sous le titre **«matière à réflexion»**. Les mots en caractères gras sont expliqués à la fin de chaque section.

---

atmosphère: mince couche de gaz entourant la Terre et composée principalement d'azote et d'oxygène

rayonnement: émission et propagation d'un ensemble de radiations avec transport d'énergie et émission de corpuscules

galaxie: collection de nombreuses étoiles affectant une forme spirale. Notre système solaire fait partie d'une galaxie qui s'étend jusqu'à la voie lactée. Les galaxies sont séparées par des distances énormes.

tonne: une tonne égale mille kg.

charge utile: équipement et instruments transportés par une fusée ou un satellite

capteur: dispositif permettant de détecter, en vue de le représenter, un phénomène physique sous forme d'un signal, généralement électrique

L'œil dans l'Espace

Outil fondamental du scientifique de l'Espace, le satellite n'est qu'une plate-forme mobile à laquelle sont fixés des instruments scientifiques. Il faut, pour le mettre en **orbite,** un moteur-fusée puissant et des moteurs plus petits pour effectuer des manœuvres orbitales. Il requiert aussi des moyens de générer de l'énergie électrique pour alimenter les instruments embarqués. La plupart des satellites utilisent des panneaux solaires. Les cellules photoélectriques qui constituent ceux-ci convertissent l'énergie solaire en électricité. Lorsque le satellite passe dans l'ombre de la Terre, les panneaux solaires ne génèrent plus d'électricité et des batteries prennent le relais. Lorsque le satellite peut à nouveau utiliser l'énergie solaire, les batteries sont rechargées par les cellules photoélectriques.

Anatomie d'un satellite

Le satellite européen d'exploration des ressources, ERS-1, est le précurseur d'une nouvelle génération d'engins spatiaux qui étudieront la Terre, son atmosphère et l'Espace qui l'entoure. Placé à bord d'une fusée européenne Ariane, l'ERS-1 a été lancé en 1991 de la base de Kourou. Il transporte des **radars** pouvant effectuer de nuit comme de jour des relèvements géodésiques des continents, des océans et de la glace.

Moteurs-fusées

La conception d'un moteur-fusée se fonde sur le principe de l'action et de la réaction. Une fusée n'est pas propulsée vers l'avant parce que les gaz s'échappant vers l'arrière poussent l'air. Il n'y a d'ailleurs pas d'air dans l'Espace.

Les moteurs-fusées fonctionnent en brûlant un mélange de combustible (souvent de l'hydrogène liquide) et de comburant (généralement de l'oxygène) dans une chambre de **combustion.** Les gaz à haute température et sous haute pression résultant de la combustion s'échappent à grande vitesse par des tuyères et fournissent la poussée.

Des fusées d'appoint destinées à accroître la puissance du moteur principal brûlent généralement un carburant solide. Des moteurs-fusées minuscules appelés moteurs d'orientation servent à modifier légèrement la position de l'engin spatial. Ils utilisent des carburants qui brûlent spontanément lorsque leurs composants entrent en contact.

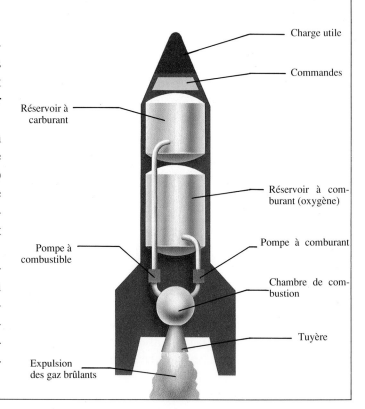

Charge utile

Commandes

Réservoir à carburant

Réservoir à comburant (oxygène)

Pompe à combustible

Pompe à comburant

Chambre de combustion

Tuyère

Expulsion des gaz brûlants

Ariane 4 (à gauche). Lancement d'Ariane, la fusée de l'Agence Spatiale Européenne, de la base de Kourou en Guyane française.

Lancement d'un satellite

Il serait possible de construire une fusée géante d'un seul tenant capable de mettre un petit satellite sur orbite circumterrestre. Mais dès les débuts de l'exploration spatiale, les ingénieurs réalisèrent rapidement que cette formule serait coûteuse et constituerait un gaspillage.

La plupart des satellites sont lancés par des fusées largables à carcasse perdue. La fusée est en fait constituée de plusieurs étages comprenant chacun un propulseur et son réservoir. Le premier étage mis à feu est le plus grand car il doit soulever les autres étages et le frêt au moment où la pesanteur et la résistance de l'air sont maximales. Lorsqu'un étage a épuisé son carburant il est largué et tombe tandis que l'étage suivant est mis à feu. La masse totale diminue et l'accélération du moteur-fusée augmente. Une fois atteintes la vitesse, l'altitude et l'orientation correctes, la coiffe du satellite est éjectée et le satellite mis sur orbite préliminaire.

En orbite circumterrestre

Un satellite peut être placé sur un des trois principaux types d'orbites – polaire, équatoriale basse et géostationnaire. Un satellite en orbite polaire passe au-dessus des pôles tandis que la Terre tourne sous lui, ce qui permet pratiquement l'observation de tous les points du Globe. C'est pour cette raison que les satellites espions militaires et les satellites de ressources sont souvent placés en orbite polaire.

Les régions **équatoriales** sont le mieux desservies à partir d'orbites équatoriales basses. La durée d'une rotation d'un satellite en orbite équatoriale est d'autant plus longue que l'altitude de l'engin est élevée. À l'altitude de 36 000 km, le satellite tourne à la même vitesse que la Terre. Il est dit géostationnaire parce qu'il paraît immobile à l'observateur terrestre; cette situation est idéale pour les satellites de communications et certains satellites météorologiques, parce qu'ils sont en contact permanent avec la même partie de la Terre et ne doivent pas être poursuivis par des **antennes** orientables.

Les orbites géostationnaires ne sont pas les meilleures pour les communications aux environs des pôles: vu des pôles, un satellite survolant l'équateur paraît bas sur l'horizon et l'atmosphère terrestre peut déformer le signal entre le satellite et le récepteur. La CEI utilise pour ses satellites de communications une orbite différente à très haute altitude au-dessus des républiques.

SATELLITES EN ORBITE CIRCUMTERRESTRE

Les satellites sont placés sur trois types principaux d'orbites circumterrestres.
1. Orbite polaire autour des pôles de la Terre. 2. Orbite circumterrestre basse autour de l'équateur. 3. Orbite géostationnaire à une altitude de 36 000 km. Les satellites Molniya de la CEI sont placés en orbite elliptique dont l'apogée est située au-dessus de l'hémisphère Nord.

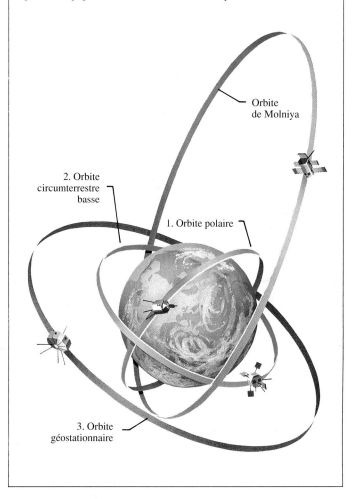

Orbite de Molniya

2. Orbite circumterrestre basse

1. Orbite polaire

3. Orbite géostationnaire

orbite: trajectoire courbe d'un corps céleste ou d'un vaisseau spatial ayant pour foyer un autre corps céleste (planète ou étoile)

radar: acronyme du terme anglais: «Radio Detection and Ranging». Système de détection qui émet un faisceau d'ondes électromagnétiques très courtes et en reçoit l'écho, permettant ainsi de déterminer la direction et la distance d'un objet

combustion: combinaison d'un corps avec l'oxygène, dégageant de la lumière et de la chaleur si la combustion est vive

équatorial: relatif à l'équateur terrestre, celui-ci étant le grand cercle de la Terre perpendiculaire à l'axe de rotation de cette planète

antenne: conducteur aérien destiné à rayonner ou à capter les ondes électromagnétiques (fil ou parabole métallique)

Télédétection

L'observation normale de notre environnement s'effectue au moyen de nos sens: vue, ouïe, toucher, goût et odorat. Nos yeux ne peuvent percevoir la lumière que d'une fraction infime du rayonnement solaire. Si nous pouvons voir des radiations de **longueurs d'onde** différentes telles les ondes radio, notre vision du monde serait différente car le rayonnement invisible est porteur d'informations supplémentaires sur le monde qui nous entoure. La détection à distance au moyen de capteurs – des yeux «artificiels» – sensibles au rayonnement invisible et permettant d'élargir le champ de nos connaissances des objets lointains s'appelle la télédétection. Celle-ci constitue, dans la science spatiale, une branche d'importance croissante.

Pour beaucoup, l'utilisation la plus familière de la détection s'apparente aux prévisions météorologiques. Mais le domaine de la télédétection est beaucoup plus vaste. Les satellites peuvent détecter des phénomènes difficiles à étudier au sol. Ils peuvent, par exemple, enregistrer de légères modifications de teintes des cultures, indices de maladies en gestation (voir page 12). Ils permettent aussi l'étude de problèmes occasionnés par l'homme, tels l'effet de serre (page 13) et l'endommagement de la couche d'ozone (page 14).

Prévisions météorologiques

Jusque dans les années 1960, les météorologues devaient assembler – telles les pièces d'un immense puzzle – des éléments résultant d'observations locales effectuées par des stations terrestres isolées pour dresser une carte d'ensemble des prévisions météorologiques. Depuis 1960, lorsque fut lancé le premier satellite météorologique (TIROS-1), les prévisionnistes ont pu voir des images des conditions météorologiques en développement dans le monde entier.

Les satellites météorologiques utilisent généralement deux types d'orbites. Le TIROS américain, satellite de télévision et d'observation dans l'infrarouge, et les satellites soviétiques Meteor sont en orbite polaire. Ils peuvent donc observer deux fois par jour chaque point du Globe, ce qui fournit toutes les 12 heures une image du temps dans le monde. Le Meteosat européen, le GOES américain et les GMS japonais sont en orbite géostationnaire et observent les conditions météorologiques régnant au-dessus d'une zone déterminée.

Les satellites météorologiques modernes envoient des photos de la Terre comprenant les nuages en mouvement. Ils recueillent aussi d'autres informations très utiles. Des capteurs sensibles au rayonnement

Vues par satellite. À gauche, tempête sévère suivie en 1987 à travers l'Atlantique par le satellite NOAA 9. Ci-dessous, vue de vapeur d'eau dans l'atmosphère et à droite, pétrole dans le golfe Persique en 1991, souligné par sa teinte rouge. Ce pétrole a menacé de nombreuses espèces d'animaux y compris la tortue marine (encadré).

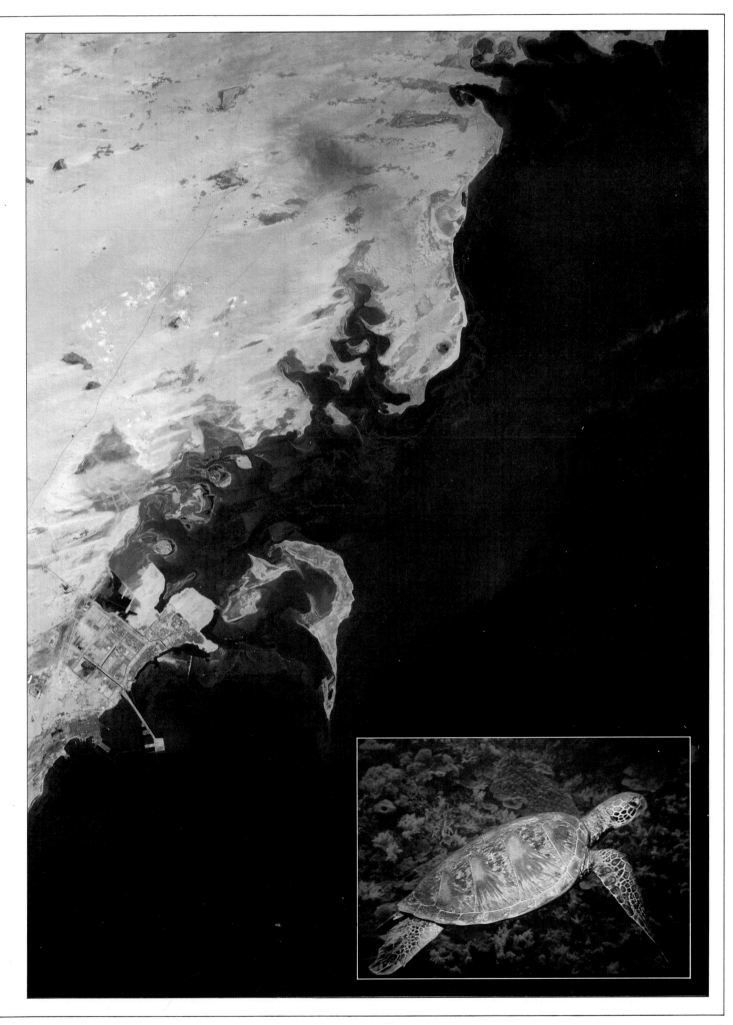

infrarouge peuvent, par exemple, mesurer la température des nuages et la quantité d'eau qu'ils renferment, ce qui permet de prévoir les chutes de pluie. Ils peuvent aussi mesurer les températures du sol et de l'océan.

Aux États-Unis, les capteurs à infrarouge de la prochaine génération de GOES, appelée GOES NEXT, auront une définition plus fine que celle de leur prédécesseur. Les meilleures images fournies par des GOES sont celles de régions d'un diamètre de 8 km. Les GOES NEXT fourniront des vues détaillées de zones de 4 km en 15 fois moins de temps.

Les récepteurs des émissions de satellites ont été miniaturisés au point de permettre la construction d'une station météorologique de table. Antenne et récepteur se règlent sur le signal radio du satellite et un ordinateur du bureau transforme le signal codé en une image météorologique qui apparaît sur son écran. Ces systèmes sont particulièrement utiles pour fournir aux cultivateurs et aux entrepreneurs les prévisions météorologiques récentes valables à très court terme.

Catastrophes naturelles

Séismes, tempêtes, éruptions volcaniques, sécheresses et inondations sont tous des catastrophes naturelles, sources de souffrances et de mort, de désorganisation de la vie économique, laissant derrière eux des dégâts coûteux et difficiles à effacer. Les prévisions de ces événements sont difficiles à établir; l'alerte ne peut être donnée à temps car ces catastrophes tendent à survenir sans signe précurseur. Des photos par satellites peuvent dans certains cas révéler des signes annonciateurs: elles facilitent les opérations de secours.

Pistage d'un cyclone

L'orbite d'un satellite diffère de celle d'un autre en fonction de la mission assignée. Les satellites d'observation de la Terre, affectés par exemple aux études météorologiques, sont généralement en orbite basse polaire ne dépassant pas une altitude de 1 000 km. Ils passent au-dessus de chacun des points de la Terre qui défilent sous eux. Ce sont ceux que vous pouvez parfois apercevoir un moment dans le ciel.

Les images météorologiques prises par satellite montrent l'approche des tempêtes et des cyclones et permettent d'avertir à temps les zones côtières menacées. Des satellites permettent, par exemple, de suivre les ouragans dans la mer des Caraïbes et de mesurer leur force grandissante. À mesure de leur approche des côtes, les terres menacées sont identifiées et leurs habitants évacués au besoin. Malheureusement, certaines des tempêtes les plus violentes surgissent dans des parties du monde aux communications insuffisantes, tel le Bangladesh et souvent les populations ne peuvent pas être averties à temps.

Les observations par satellites permettent de déceler l'utilisation de l'eau sur de vastes superficies, elles peuvent aider les gouvernements à affronter la sécheresse (à gauche) et à améliorer l'approvisionnement en eau par des plans d'irrigation. Ci-dessous, photo du Nil prise par satellite. En rouge, terres irriguées. L'agriculture dans cette région repose sur l'irrigation des terres cultivées (coton, grain, trèfle).

Hawaii 1986. L'observation par satellite permet parfois de prévoir l'imminence d'une éruption volcanique.

Sécheresse

À l'opposé des inondations, la sécheresse peut être également nuisible et anéantir végétation, cultures, bétail et populations. La surveillance par radar (monté sur satellite) du relief, des types de sol et de roches, de la végétation et de l'utilisation du sol, peut livrer des informations intéressantes sur le comportement des nappes d'eau superficielles et souterraines. Les scientifiques peuvent alors prédire une sécheresse et fournir aux planificateurs l'information nécessaire au creusement de nouveaux puits, à la construction de nouveaux réservoirs et au changement des méthodes de culture pour minimiser les effets de la sécheresse.

Volcans et séismes

Il arrive que des signes avant-coureurs précèdent une éruption volcanique. À mesure que les roches en fusion s'accumulent sous la surface, les flancs de la montagne se gonflent. Des scientifiques français ont découvert ce phénomène en étudiant par satellite l'Etna, le volcan le plus actif d'Europe. Des signaux radio transmis par des satellites du GPS américain (page 19) ont été captés par des récepteurs situés sur le flanc de la montagne et utilisés pour calculer leurs positions. Un mouvement du sol de quelques mm à peine entraînait celui des récepteurs et le système de satellites le détectait. Des capteurs thermiques à bord de satellites Landsat ont été utilisés également pour surveiller les changements de température dans des volcans en activité au Chili et en Éthiopie. Des modifications soudaines d'émissions de chaleur d'un volcan peuvent annoncer l'imminence d'une éruption.

La surveillance des séismes est surtout effectuée au sol, mais les techniques utilisées pour détecter les mouvements de terrain sur l'Etna pourraient l'être également pour détecter les vibrations précédant un séisme.

La prévision précise des catastrophes naturelles dans les heures, voire les jours qui les précèdent, demeure encore aléatoire. Mais la masse d'informations fournies par l'observation par satellites peut receler les clefs des mystères que les savants cherchent à percer pour améliorer la précision des prévisions dans l'avenir. Il faut cependant admettre avec une certaine humilité qu'à l'heure actuelle, trop d'inconnues demeurent.

Élimination des destructeurs

Outre les maladies graves qu'ils transmettent au bétail et à l'homme, les insectes occasionnent aux récoltes et aux forêts des dégâts extrêmement onéreux. Trop petits pour être détectables par satellite, ils révèlent cependant leur présence par leur habitat et les dommages qu'ils causent.

On a pu ainsi détecter et combattre une tique du bétail sur l'île de Santa Lucia dans les Caraïbes. L'habitat de certains acariens tropicaux est le buisson de proposis qui recouvre des étendues détectables par satellite. La destruction de cet habitat a entraîné celle de ses hôtes.

En Amérique du Sud, l'anthonome du cotonnier anéantit la fleur de cet arbuste avant son développement et détruit des cultures entières. Au cours des années 1980, cet insecte parti d'Amérique Centrale, envahit le Brésil et s'étendit vers le Paraguay. On utilisa des satellites américains Landsat et français Spot pour localiser les cultures de coton au Paraguay de façon à nettoyer des bandes de terrain situées sur l'itinéraire des insectes et à freiner ou bloquer leur progression.

En Amérique du Nord, des escargots vivant dans les marécages de Louisiane sont porteurs d'un parasite qui, ingéré par du bétail, se transforme en douve du foie. Des photos prises par satellite ont mis en évidence les pâturages sablonneux bordant les marais où escargots et bétail peuvent entrer en contact.

La recherche et la découverte des zones de reproduction des nuisibles représentent, sans l'aide de satellites, une dépense élevée en temps et en moyens financiers. Les satellites permettent de guider les équipes terrestres de contrôle vers des zones qui, autrement, échapperaient aux recherches. Les satellites permettent aussi d'orienter les cultivateurs vers les cultures menacées par la maladie ou le manque d'eau, de prendre des mesures destinées à prévenir l'extension des dégâts causés ou d'en corriger les effets dévastateurs.

Les photos prises par satellite permettent de comparer des cultures saines (au-dessous) à des cultures agressées (au-dessus) souffrant de sécheresse ou de maladie.

Des cultures comme celles du blé (à gauche) subissent des dégâts considérables causés par des insectes ou des maladies. Au-dessus, l'anthonome du cotonnier à l'œuvre dans une culture de coton.

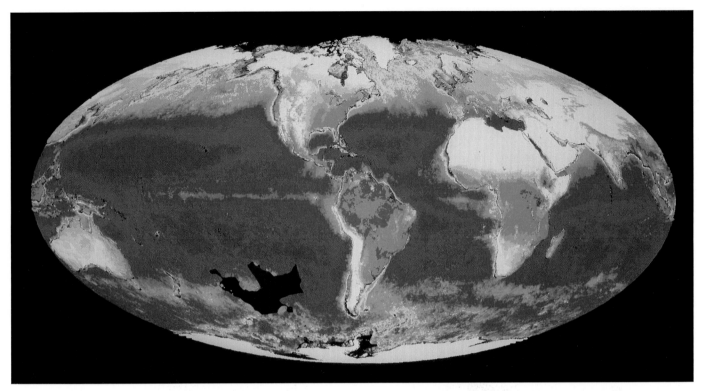

Cette photo prise par satellite en couleurs conventionnelles montre la répartition de la végétation sur terre et du phytoplancton dans les océans. Les filets côtiers, en rouge vif, représentent les zones les plus riches en plancton.

Effet de serre

Éruptions volcaniques, séismes, inondations et invasions d'insectes sont des catastrophes naturelles. Mais certains problèmes sur Terre sont causés ou aggravés par les activités humaines. De nombreux savants s'inquiètent notamment de deux problèmes : l'effet de serre et la dégradation de la couche d'ozone de l'atmosphère terrestre. On utilise des satellites pour surveiller ces deux phénomènes.

La Terre absorbe de l'énergie solaire qui est emprisonnée temporairement par l'atmosphère, réchauffant la Planète avant de s'échapper dans l'Espace. Certains gaz tel l'anhydride carbonique excellent à emprisonner la chaleur. Si la quantité d'anhydride carbonique de l'atmosphère augmente, la chaleur du soleil met plus de temps à s'échapper dans l'Espace et la température terrestre s'élève. Ce phénomène s'appelle l'effet de serre. Il pourrait avoir sur le climat une influence désastreuse, transformant en désert les terres cultivées et provoquant l'inondation des zones côtières. De nombreux scientifiques estiment que les activités humaines menacent dans l'atmosphère les équilibres gazeux qui contrôlent le climat.

Quand les êtres vivants meurent et pourrissent ou sont brûlés, le carbone s'échappe de leurs cellules mortes et se répand dans l'atmosphère sous forme d'anhydride carbonique (CO_2). Il en est de même lors de l'utilisation de combustibles fossiles tels le charbon et le pétrole. Les plantes absorbent le CO_2, mais la diminution de leur nombre par la déforestation provoque un accroissement de la quantité de CO_2 dans l'atmosphère. La déforestation est aussi surveillée par satellite.

On sait que les océans qui recouvrent les 3/4 de la Planète influencent le temps. C'est le plus grand magasin planétaire de CO_2. La compréhension du mode d'échange gazeux entre océans et atmosphère est donc fondamentale dans l'établissement des prévisions de l'évolution de l'effet de serre et du climat de l'avenir.

Des photos prises par satellite ont révélé l'importance du phytoplancton, ces plantes marines microscopiques. Ce plancton tire son carbone constitutif du CO_2 dissous dans l'eau. Les photos ont montré des variations saisonnières importantes de la quantité de phytoplancton à proximité de la surface des océans, ce qui affecte la quantité de CO_2 atmosphérique absorbé. Davantage de capteurs océaniques seront lancés à la fin des années 1990.

Les savants ne s'accordent pas tous à estimer qu'un réchauffement du climat résultera de l'effet de serre. Certains pensent qu'un réchauffement des terres et des mers provoquera une **évaporation** accrue, génératrice de nuages qui réfléchiraient davantage d'énergie solaire vers l'Espace, et combattrait ainsi le réchauffement de la Terre. On constate donc que s'il existe une prise de conscience accrue et généralisée de la menace que font peser sur l'environnement les activités de populations en expansion rapide, les méthodes préconisées pour pallier les inconvénients constatés diffèrent considérablement.

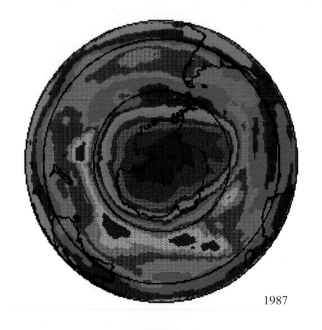

1987

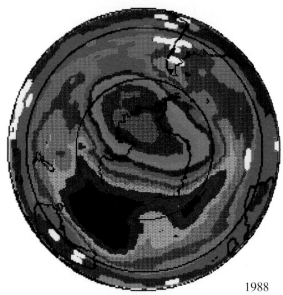

1988

Protection de la couche d'ozone

Depuis le début des années 1980, les scientifiques savent qu'une couche importante de l'atmosphère, la couche d'ozone, perd de son épaisseur surtout au-dessus des pôles. Alors que la molécule d'oxygène normale est diatomique, celle d'ozone est triatomique. Engendré par l'action de la lumière solaire sur l'oxygène dans la haute atmosphère, l'ozone est important parce qu'il absorbe les rayons ultraviolets et en empêche la majeure partie d'atteindre la surface terrestre. La faible quantité qui nous atteint fait bronzer la peau. Des radiations ultraviolettes plus intenses peuvent provoquer des maladies dont le cancer de la peau et la cataracte, ainsi que la destruction du plancton marin et la diminution des récoltes de céréales.

Les dégâts occasionnés à la couche d'ozone résultent partiellement de l'action de l'homme. Au milieu des années 1970, les scientifiques ont estimé que les CFC ou chlorofluorocarbones, des gaz utilisés dans les aérosols et les réfrigérateurs, pourraient atteindre la couche d'ozone où ils seraient décomposés, le chlore qu'ils renferment détruisant ensuite l'ozone environnant. C'est pour cette raison que de nombreux pays ont banni les CFC des bombes aérosols et les ont remplacés par des gaz inoffensifs.

La couche d'ozone. Ces images par satellite montrent les trous dans la couche d'ozone au-dessus du pôle Sud le 3 octobre des années 1987 à 1990. Les coloris rose et rose foncé indiquent les taux d'ozone extrêmement bas.

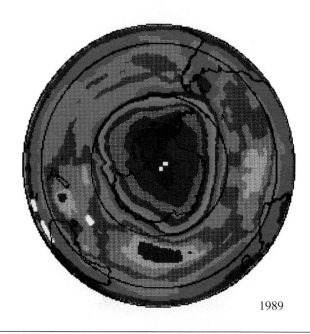

1989

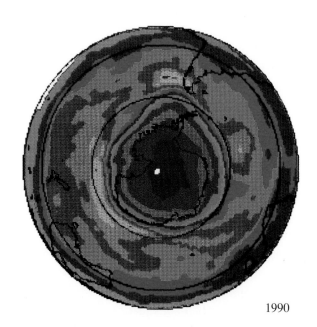

1990

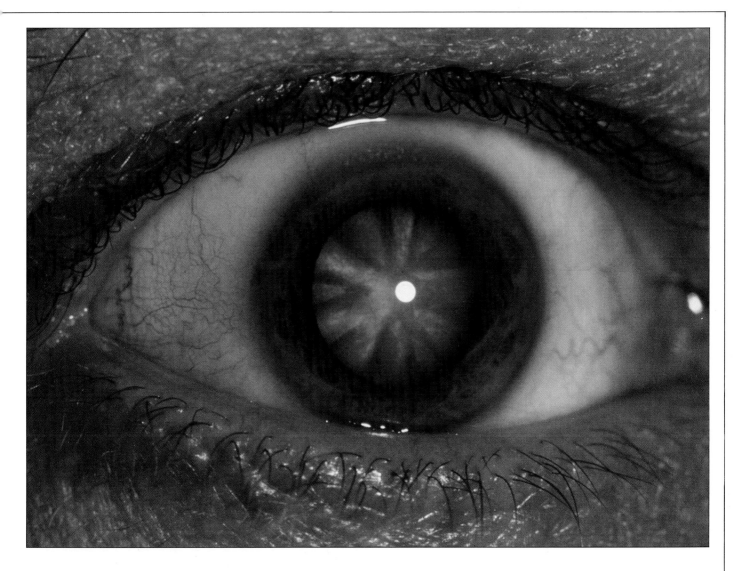

Depuis 1978, l'instrument TOMS, monté à bord du satellite américain Nimbus 7, surveille la couche d'ozone. Un satellite beaucoup plus sophistiqué, l'UARS (satellite de recherche de la haute atmosphère) a été placé en orbite en septembre 1991. Il fournira aux scientifiques des informations détaillées sur la chimie de la couche d'ozone. Les «trous» dans la couche d'ozone constituent un problème qui focalise l'attention mondiale. Mais tous les savants ne s'accordent pas sur leur origine ni sur leur évolution probable.

Surveillance du Globe

Au cours d'une conférence à Paris en juillet 1989, les dirigeants des sept pays les plus riches du monde se sont mis d'accord pour entreprendre une étude plus approfondie de la Terre. L'EOS (Système d'Observation de la Terre) y est né. Les informations recueillies par une flotte de satellites nouveaux permettront de mieux comprendre le temps, l'activité volcanique, le comportement de la neige et des glaces et bien d'autres aspects de la Planète. Cette collecte peut aider les scientifiques à prédire les événements planétaires à venir. Les premiers satellites EOS devraient être lancés en 1996.

La cataracte peut être causée, entre autres, par une surexposition aux rayons ultraviolets. Cette photo met en évidence un schéma radial typique du développement de la cataracte et dont l'extension finira par rendre floue la vision de la victime.

Matière à réflexion

• En cas d'échec des tentatives de protection de la couche d'ozone et d'un accroissement des radiations solaires sur la Terre, comment les gens pourraient-ils modifier leur façon de vivre pour demeurer sains ?

---

longueur d'onde: distance entre deux points consécutifs dans le même état vibratoire, dans la propagation d'un phénomène périodique

évaporation: passage à l'état gazeux d'un liquide ou d'un solide. Dans le dernier cas, le terme sublimation est préféré. L'adjectif correspondant est sublimé. Ex.: des métaux sublimés

Communications

Depuis le lancement de Spoutnik 1 en 1957, les satellites sont devenus beaucoup plus compliqués. Certains sont utilisés dans des expériences scientifiques. D'autres ont une vocation à caractère météorologique ou géographique. Les satellites de communications (Satcom) servant de relais aux émissions de télévision, de radio et aux conversations téléphoniques, sont aujourd'hui connus du grand public. Un satellite de communications moderne est un appareillage extrêmement complexe qui a révolutionné les communications. Lancé en 1965, Early Bird, le premier satellite de communications – appelé aussi Intelsat 1 – pouvait relayer à travers l'Atlantique un canal de télévision en noir et blanc ou 240 conversations téléphoniques. Intelsat 6, le dernier-né des Intelsat, peut relayer jusqu'à 120 000 appels téléphoniques et trois canaux de télévision en couleurs. Lancé en 1989, Olympus 1, nouveau type de satellite européen de communications à grande puissance est capable de relayer jusqu'à 250 000 conversations téléphoniques ou 40 canaux de télévision en couleurs.

Les satellites de communications de l'avenir seront probablement plus grands et plus puissants. Plus un satellite est puissant, plus les équipements de communications au sol qu'il implique peuvent être réduits. Ceci permettra de mettre à la portée de plus de monde les communications relayées par satellite.

Maintien du contact

Les communications par satellite sont déjà à la portée de l'utilisateur du téléphone international. Le passager d'une voiture en mouvement peut maintenant communiquer téléphoniquement avec presque tous les endroits du monde, à la voix, par ordinateur portatif ou par **facsimilé** (fax). Ses messages sont relayés par satellite vers un bureau ou même un autre véhicule.

Le téléphone n'est pas disponible partout et en toutes circonstances. Dans certains cas, des liaisons spécifiques directes par satellite constituent les seuls moyens de communication. À la suite d'un séisme, les équipes de sauvetage à la recherche de survivants ensevelis sous les décombres peuvent utiliser une station portative de liaison par satellite si le réseau téléphonique local est hors service. Des terminaux portatifs permettent aux équipes de télévision dépêchées sur les lieux la transmission de scènes filmées et commentées.

À l'avenir, ces services spéciaux de communication par satellite seront à la disposition d'un nombre accru d'utilisateurs. Des chauffeurs de camions, par exemple, disposant de terminaux à bord de leur véhicule pourraient rester en contact avec leur port d'attache de partout dans le monde. L'amélioration des communications radio par satellite entre les avions de ligne et le sol permettront aux passagers de faxer au cours du vol.

Satellites espions

Les forces armées dépendent d'une façon croissante des satellites pour la collecte d'informations, les transmissions, les prévisions météorologiques et la navigation. Les satellites espions chargés de collecter l'information peuvent utiliser leurs propres moteurs-fusées pour changer d'orbite et être à même de couvrir n'importe quel point de la surface terrestre. Les États-Unis ont entamé en 1962 le lancement d'une série de satellites

espions Keyhole. Les Keyhole actuels KH-11 et KH-12 envoient par radio des images très détaillées de leurs objectifs terrestres. Circulant en orbite basse, les Keyhole, n'ont une durée de vie que de deux ans. En effet, la **friction** entre le satellite et les couches extérieures les moins denses de l'atmosphère terrestre ralentissent graduellement la course de l'engin. Les Keyhole sont repropulsés à plusieurs reprises vers le haut jusqu'à ce que leur propergol soit épuisé, et qu'ils perdent de l'altitude et se désintègrent dans l'atmosphère.

À l'avenir, grâce aux nouvelles techniques exhibées par la navette spatiale américaine, il pourrait ne plus y avoir de limite de temps à la durée de vie d'un satellite espion en orbite. En 1984, des astronautes de la navette ont réparé un satellite en orbite, l'ont ravitaillé en carburant et ramené sur Terre deux satellites positionnés

Voiture bureau Ford Scorpio. Cette voiture britannique est équipée d'un téléphone mobile relié par radio au réseau téléphonique international. On y trouve également un ordinateur portatif, une imprimante et un fax.

Sauvetage du satellite de communication Westar 6. L'astronaute Joseph P. Allen est debout sur l'appendice exigu du bras télémanipulateur de la navette Discovery. Les satellites peuvent être réparés dans l'Espace ou ramenés sur Terre.

À gauche, Intelsat 6. L'un des satellites de communications les plus perfectionnés, Intelsat, d'une masse de 3 tonnes a la hauteur d'un immeuble de quatre étages.

sur une orbite erronée. L'utilisation des mêmes techniques permettrait le ravitaillement en carburant et la réparation de satellites militaires dans l'Espace. On pense que les satellites KH-12 ont été conçus pour être ravitaillés en orbite.

Communications militaires

Seules de bonnes communications entre les états-majors, les groupes interarmes et les avions, les navires et les sous-marins permettent aux chefs de diriger sans délai leurs forces vers les points où leur présence est la plus nécessaire. Les moyens de transmission sont devenus si maniables et de taille si réduite que des fantassins ou des équipes de renseignement en zone ennemie peuvent déployer de petites antennes paraboliques et communiquer téléphoniquement par satellite avec leurs chefs.

Les communications des sous-marins posent des problèmes particulièrement difficiles. Le sous-marin nucléaire doit pouvoir opérer tapi sous la surface de l'eau. Cependant, comme les signaux radio pénètrent mal dans l'eau, le sous-marin doit, pour communiquer, se rapprocher de la surface où il est facilement détecté. Les ondes radio à très basse fréquence (ELF) pénètrent dans l'eau mais les stations émet-

Le GPS (système global de positionnement) est utilisé par les marines de guerre et marchande. Les yachts et les bateaux de pêche sont équipés d'un récepteur GPS Navstar (encadré) qui peut suivre jusqu'à 8 satellites Navstar et détermine la position du bateau à 15 mètres près.

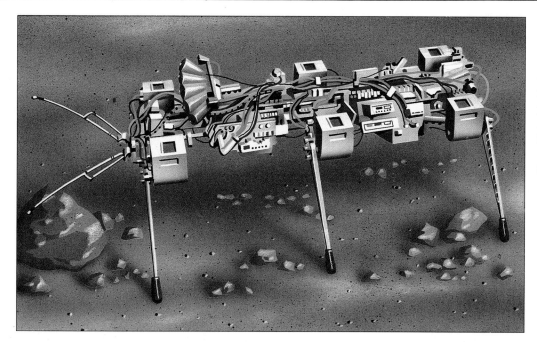

La **miniaturisation** est maintenant appliquée aux robots dans l'Espace. Dans les 20 ou 30 prochaines années, ces robots miniatures pourraient être utilisés pour explorer des sites trop dangereux pour les astronautes. Ce robot d'une masse inférieure à 1 kg et ressemblant à un insecte mesure 30 cm.

trices ELF au sol sont énormes et constituent des cibles de choix pour l'aviation. Un faisceau d'un **laser** bleu-vert pénètre mieux l'eau que les ondes radio et transporte des informations plus nombreuses à vitesse plus élevée que les ondes ELF. Dans le futur, l'utilisation de satellites à laser améliorera les communications sous-marines.

Navigation

Le satellite de **navigation** devient l'un des types les plus importants de satellites militaires. Il fonctionne selon le principe de l'effet Doppler. Si un satellite se dirige vers un récepteur terrestre, la **fréquence** du signal radio perçue par celui-ci augmente, tout comme augmente celle du sifflement d'un avion en approche. Si les positions, directions, et vitesses de plusieurs satellites sont connues, les effets Doppler de leurs signaux permettent de calculer avec précision la position du récepteur. Les États-Unis ont lancé une série de satellites Navstar pour constituer un système de positionnement global (GPS) permettant à n'importe quel récepteur GPS de calculer sa propre position à quelques mètres près. Le GPS est utilisé principalement par les navires et les avions civils et militaires, et par les troupes au sol.

Évidemment, à mesure que les satellites deviennent vitaux dans les opérations militaires, la capacité de les détruire acquiert de l'importance. Les capteurs optiques d'un satellite peuvent être aveuglés par laser. Le satellite lui-même peut être détruit par un missile antisatellite lancé d'un avion ou par un satellite antisatellite explosant à proximité. La puissance des rayonnements liés à une explosion nucléaire peut neutraliser temporairement ou définitivement des circuits électroniques délicats. Les satellites militaires doivent exécuter leur mission et se défendre contre ces menaces.

Réduction du coût des vols spatiaux

Les programmes spatiaux sont extrêmement onéreux: des milliards de dollars. Seuls les pays les plus riches peuvent s'offrir un programme spatial de sorte que les scientifiques n'ont que peu d'occasions d'effectuer des expériences dans l'Espace. Si le coût des vols spatiaux était abaissé, un nombre plus élevé de scientifiques pourraient se livrer à leurs expériences. L'avènement de propulseurs et de vaisseaux spatiaux réutilisables constitue l'une des solutions possibles permettant la réduction des coûts de lancement.

Petits satellites

Depuis le lancement des premiers satellites dans les années 1950, le développement de fusées plus grandes et plus puissantes a permis de lancer dans l'Espace des satellites de plus en plus volumineux. La masse de Spoutnik 1 était de 83,6 kg. Celle des plus grands satellites actuellement en orbite atteint 15 tonnes. Cette tendance au gigantisme des masses est aujourd'hui remise en question.

Les progrès et la miniaturisation des composants électroniques et mécaniques offrent aux scientifiques la possibilité de construire des vaisseaux spatiaux plus petits, plus légers, moins onéreux et capables de performances supérieures. Ces petits satellites d'une masse de quelques dizaines de kg, au lieu de tonnes et de coût individuel de l'ordre du million de dollars, ne remplaceront pas tous les grands satellites. Les communications par exemple seront mieux desservies par quelques grands satellites dont la construction se pour-

LE MICROSAT

Conception d'un petit satellite, baptisé microsat, de 15 cm de diamètre, imaginé par une firme américaine. Cet engin transporte deux minuscules caméras vidéo, l'une grand-angulaire, l'autre pour les vues rapprochées. On prédit que la génération suivante, plus petite encore, aura la taille d'une boîte de boisson.

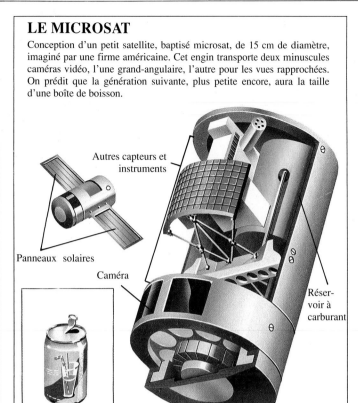

Autres capteurs et instruments

Panneaux solaires

Caméra

Réservoir à carburant

Lancement de petits satellites

Le lancement de petits et de microsatellites est moins onéreux parce qu'il requiert des fusées plus petites. Mais la taille de ces satellites est si réduite qu'on peut envisager d'autres moyens de lancement. Un système actuellement à l'étude permettrait l'envoi en orbite de petits satellites. Appelé canon magnétique, il consisterait en un grand canon constitué d'électroaimants puissants entourant un tube. Le satellite est inséré dans le tube. Les **électroaimants** sont excités successivement, extraient le satellite du tube en lui imprimant une accélération qui le portera à la vitesse de 20 000 km/heure. Si le canon est pointé correctement, cette vitesse suffit à placer le satellite sur une trajectoire qui le mettra en orbite circumterrestre. Les savants américains espèrent construire le premier canon magnétique au cours des 10 prochaines années. D'ici là, des petits satellites seront lancés de la Terre par fusées ou largués dans l'Espace et placés en orbite à partir de la soute d'une navette spatiale. Depuis 1988-89, il est prévu de télécommander l'éjection vers l'Espace lointain de satellites devenus inopérants.

suivra. D'autres satellites scientifiques doivent être suffisamment vastes pour accueillir le grand nombre d'instruments qu'ils ont à transporter.

Satellites miniaturisés (microsats)

La miniaturisation de l'électronique a favorisé depuis quelques années l'essor de petits satellites microsats (nom déposé) ou satellites miniaturisés, dont la masse (de 10 à 45 kilogrammes environ) et les dimensions (de 20 à 60 cm de côté – 80 cm quand les antennes sont déployées) tendent graduellement à se réduire encore. L'énergie électrique, dont ces engins ont besoin, se situe entre 6 et 30 watts. Elle est fournie par des cellules solaires.

Les premiers petits satellites sont en cours de production en Europe et aux États-Unis. Les scientifiques prédisent déjà que les petits satellites de la deuxième génération auront une masse de moins d'un kg et leur taille celle d'une boîte de boisson. Ces microsats ne seront pas utilisés de la même manière qu'un satellite isolé de grande taille. Un essaim de dizaines de microsats lancés simultanément effectuerait des observations à partir de multiples positions.

La panne ou la destruction accidentelle d'un seul grand satellite anéantit l'entièreté de sa mission. Par contre, la perte d'un microsat dans un groupe de 5, 10 ou 100 autres ne compromet pas l'ensemble de la mission.

fac-similé ou fax : reproduction exacte d'un écrit, d'un dessin. Procédé de transmission de ces écrits par téléphone pour leur impression en plusieurs endroits

friction : résistance à un mouvement relatif entre des surfaces de contact

laser : acronyme du terme anglais «Light Amplification by Stimulated Emission of Radiation». Amplificateur quantique de radiations lumineuses monochromatiques et cohérentes permettant d'obtenir des faisceaux très directifs et de grande puissance

navigation : science et technique du déplacement et du positionnement d'un véhicule

fréquence : nombre de cycles identiques d'un phénomène par unité de temps (généralement par seconde)

électroaimant : aimant artificiel composé d'un enroulement de conducteurs électriques autour d'un matériau ferromagnétique. L'aimantation se produit lors du passage d'un courant électrique.

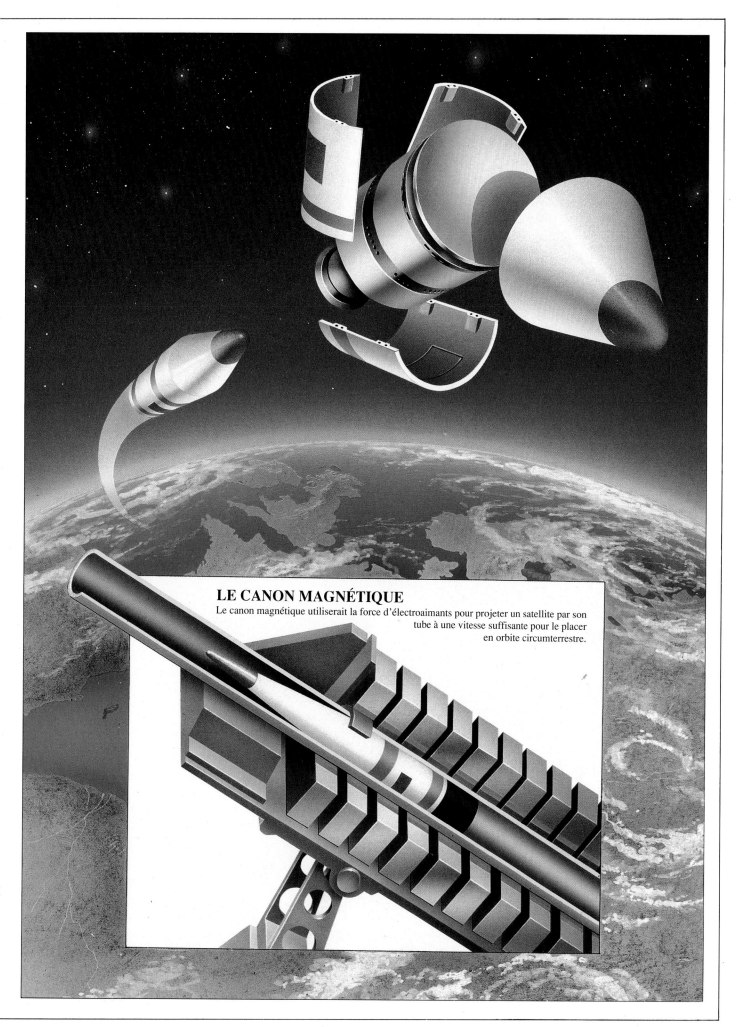

LE CANON MAGNÉTIQUE
Le canon magnétique utiliserait la force d'électroaimants pour projeter un satellite par son tube à une vitesse suffisante pour le placer en orbite circumterrestre.

Exploration de l'Espace

L'homme a toujours éprouvé le besoin d'explorer son environnement. Avant le début de l'ère spatiale, le seul moyen d'exploration du système solaire était le télescope. Aujourd'hui des engins spatiaux sont lancés vers les planètes. Certaines des vues les plus spectaculaires réalisées au cours de ce siècle montrent la surface de Mars photographiée par les sondes américaines Viking; des vues rapprochées de Jupiter et de certaines de ses nombreuses lunes ont été prises par les sondes américaines Voyager. Des radars équipant la sonde Magellan ont pénétré l'épaisse atmosphère de Vénus pour décrire sa surface. Mais les sondes planétaires font plus que réaliser de jolies photos au moyen de leurs caméras de bord. Elles transportent également des instruments permettant l'écoute des radiosignaux naturels provenant de planètes (d'orages par exemple) ainsi que la mesure du champ magnétique de la planète. Photographies et mesures permettent aux scientifiques de déterminer la structure de la planète, la nature de son sol et de son sous-sol, les ressources minérales que ce dernier renferme, ses températures, la composition chimique de son atmosphère, etc...

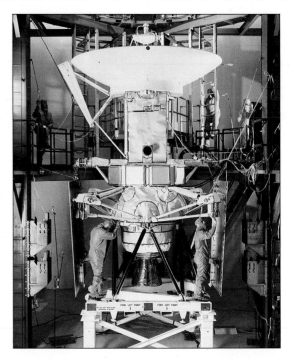

Magellan. Ci-dessus inspection de la sonde de l'Espace lointain par ses constructeurs américains. Magellan fut extraite de la soute de la navette Atlantis le 4 mai 1989 et lancée vers Vénus (ci-dessous).

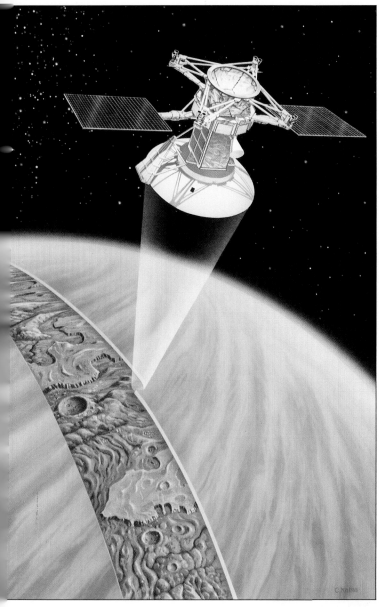

Sondes de l'Espace lointain

Les ingénieurs qui conçoivent et construisent les sondes de l'Espace lointain doivent résoudre bon nombre de problèmes. Aux confins du système solaire, la lumière du soleil est trop faible pour alimenter les cellules photoélectriques. Par exemple au voisinage de Jupiter, l'intensité du rayonnement solaire est 25 fois moindre qu'à la surface de la Terre.

Les sondes de l'Espace lointain circulant au-delà de l'orbite martienne utilisent un système différent pour produire de l'énergie électrique. Elles transportent des réserves d'énergie nucléaire appelées générateurs thermoélectriques à radio-isotopes (RTG) qui renferment du plutonium, matériau **radioactif**, émettant par fission naturelle des radiations qui sont converties en électricité.

Tous les engins spatiaux reçoivent des instructions de la Terre et lui renvoient des données par radio. À mesure qu'un satellite s'éloigne de la Terre, les signaux radio échangés perdent à destination de leur intensité. Les sondes de l'Espace lointain sont par conséquent dotées en général de grandes antennes paraboliques qui favorisent la focalisation des signaux échangés. L'Ulysse, engin destiné à l'étude du Soleil au cours de cette décennie, est équipé d'une antenne d'un diamètre de 1,6 mètre. Les signaux de son émetteur de 20 watts (moins que certaines ampoules électriques courantes) seront captés d'une distance de 950 millions de km par des grandes antennes du réseau de l'Espace lointain de la **NASA**.

Plusieurs missions inhabitées vers les planètes sont planifiées pour les 10 ans à venir. En 1996, la mission

Ci-dessus, le radar de Magellan en orbite autour de Vénus, ses panneaux solaires déployés. Il «voit» à travers l'atmosphère épaisse de la planète et entame sa mission cartographique. À droite, la fine bande située dans la partie gauche de la photo est la première image de la surface de Vénus prise par Magellan. Le petit rectangle blanc de la grande photo montre la meilleure vue de la même région réalisée à partir de la Terre.

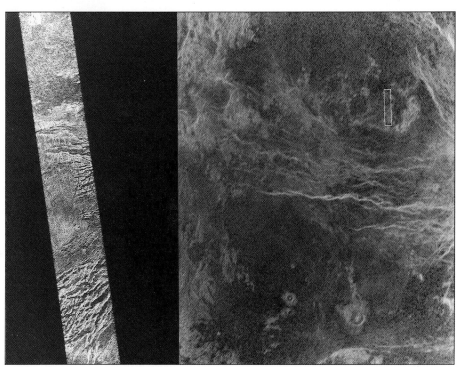

LE VAISSEAU SPATIAL GALILEO

Galileo doit étudier Jupiter de près en 1995. Il est muni d'une puissante antenne destinée à transmettre des données à la Terre. Malheureusement, son antenne-parapluie ne s'est pas ouverte correctement, trois de ses 18 baleines restant bloquées. Si l'antenne ne peut pas être réparée, Galileo sera gravement handicapé. Au lieu d'envoyer une image par minute, il sera réduit à en expédier une toutes les 2 semaines. Les contrôleurs au sol ont détourné l'antenne du Soleil pour tenter de la refroidir et lui permettre de se déployer complètement.

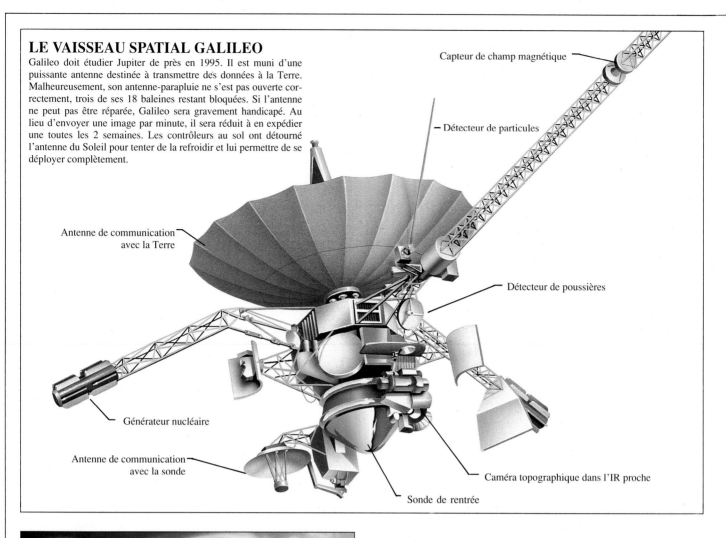

Capteur de champ magnétique

Détecteur de particules

Antenne de communication avec la Terre

Détecteur de poussières

Générateur nucléaire

Antenne de communication avec la sonde

Caméra topographique dans l'IR proche

Sonde de rentrée

En atteignant Jupiter en 1995, la sonde Galileo sera le premier objet fabriqué par l'homme à pénétrer dans l'atmosphère d'une planète lointaine. On voit ici se détacher le bouclier thermique après l'entrée de la sonde dans l'atmosphère terrestre.

Cassini/Huygens consistera à placer un vaisseau spatial en orbite autour de Saturne, puis à en extraire une sonde qui sera lancée vers Titan, la plus grande des lunes de cette planète, y atterrira et en renverra des images. Déjà en route vers Jupiter, l'engin spatial Galileo larguera une sonde dans l'atmosphère de cette planète. Il a jusqu'à présent renvoyé la première photo rapprochée de l'**astéroïde** Gaspra.

Le Soleil et les étoiles

Le Soleil, étoile la plus proche de la Terre fera l'objet d'une étude de plus en plus approfondie dans les années 1990 et au-delà. Le Soleil joue un rôle capital dans la vie sur Terre. Sans sa force d'attraction, le système solaire n'existerait pas. La vie sur Terre n'est possible que grâce au rayonnement – équilibré – de sa chaleur et de sa lumière. Le Soleil paraît jour après jour briller imperturbablement, mais il évolue. Les savants estiment que de très faibles variations solaires peuvent avoir des effets majeurs sur la Terre.

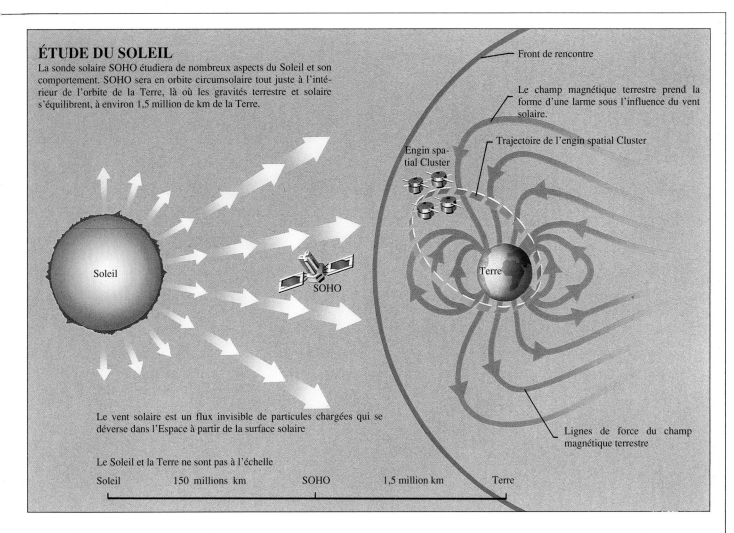

ÉTUDE DU SOLEIL

La sonde solaire SOHO étudiera de nombreux aspects du Soleil et son comportement. SOHO sera en orbite circumsolaire tout juste à l'intérieur de l'orbite de la Terre, là où les gravités terrestre et solaire s'équilibrent, à environ 1,5 million de km de la Terre.

Soleil

SOHO

Front de rencontre

Le champ magnétique terrestre prend la forme d'une larme sous l'influence du vent solaire.

Trajectoire de l'engin spatial Cluster

Engin spatial Cluster

Terre

Le vent solaire est un flux invisible de particules chargées qui se déverse dans l'Espace à partir de la surface solaire

Lignes de force du champ magnétique terrestre

Le Soleil et la Terre ne sont pas à l'échelle

Soleil   150 millions km   SOHO   1,5 million km   Terre

Études du Soleil

Considéré comme sphérique, le globe solaire a un rayon égal à 696 000 km. La distance moyenne de la Terre au Soleil est de 149 600 000 km.

Les agences spatiales européenne, américaine et japonaise ont uni leurs efforts pour lancer une flotte d'engins spatiaux pour l'étude du Soleil. L'un d'entre eux, la sonde solaire SOHO de l'ASE, étudiera la structure du Soleil et les particules qui s'en échappent dans toutes les directions, formant un «vent solaire». SOHO sera en orbite circumsolaire tout juste à l'intérieur de l'orbite de la Terre, là où les gravités terrestre et solaire s'annulent. Les instruments de SOHO observeront les modes de vibrations du Soleil. Tout comme les tremblements de terre éclairent les scientifiques sur la structure interne de la Terre, les séismes solaires devraient faire progresser la connaissance de la constitution du Soleil.

SOHO étudiera aussi les taches solaires, ces marques à la surface du Soleil qui paraissent noires parce que leur température est inférieure d'environ 1 500°C à celle de la surface environnante de 6 000°C. Chaque tache est le centre d'un **champ magnétique** intense, 1 000 fois plus puissant que le champ magnétique global du Soleil, causé par une migration de matière provenant du cœur.

Le nombre de taches solaires varie suivant un cycle de 11 ans. Les savants pensent que le climat de la Terre peut être lié à ce cycle. Les régions entourant les taches solaires sont très actives. Des explosions appelées éruptions solaires peuvent projeter à grande vitesse vers l'extérieur un flux de particules.

Photo dans l'ultraviolet d'une gigantesque éruption solaire à proximité d'une tache noire

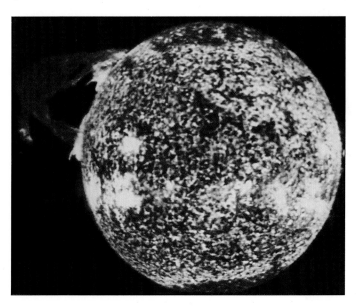

Une aurore boréale photographiée en Alaska

Certaines sont capturées par le champ magnétique terrestre et créent dans le ciel ce splendide spectacle en couleurs appelé aurore boréale près du pôle Nord et aurore australe près du pôle Sud.

Tandis que SOHO étudiera le Soleil lui-même, quatre autres engins spatiaux, constituant la mission Cluster, effectueront des mesures des régions situées entre la Terre et le Soleil pour étudier l'impact du vent solaire sur le champ magnétique terrestre.

Ulysse, un autre engin spatial commun à l'Agence Spatiale Européenne et à la NASA, sera le premier vaisseau spatial en orbite polaire autour du Soleil. Lancé le 6 octobre 1990, Ulysse ne survolera les pôles solaires qu'en mai 1994. Il constituera sur sa trajectoire l'objet le plus rapide jamais construit par l'homme. Ulysse emporte à la vitesse de 11,4 km/seconde 9 instruments qui étudieront le champ magnétique du Soleil, le vent solaire et les décharges d'énergie que le Soleil émet de temps à autre dans les radiofréquences.

Le télescope spatial Hubble

On espère recevoir dans un avenir proche, des informa-tions nouvelles et passionnantes sur les étoiles lointai-nes et les galaxies que recueillera le télescope spatial Hubble, un télescope géant en orbite.

Du nom de l'astronome américain, Edwin Hubble (1889-1953), ce télescope d'une longueur de 13 mètres et d'un diamètre de 4 mètres a une masse de 11 tonnes. Son miroir principal circulaire d'un diamètre de 2,4 mètres concentre la lumière des étoiles lointaines. Les miroirs de plusieurs télescopes terrestres sont beau-coup plus grands, mais situés en dehors de l'atmos-phère; le télescope Hubble permettra l'observation d'étoiles 50 fois moins lumineuses que celles qu'on peut observer de la Terre.

Les distances entre les étoiles des galaxies sont telle-ment grandes qu'elles sont exprimées en années-lumiè-re. Une année-lumière est la distance parcourue par la lumière en un an, soit 10 milliards de km à la vitesse de 300 000 km/seconde. Comme il faut à la lumière émise par des objets aussi lointains des milliards d'années pour atteindre la Terre, l'observation de l'Espace loin-tain équivaut à remonter dans le temps. Le télescope spatial Hubble devrait enrichir les connaissances des

astronomes sur les conditions régnant au début de l'existence de l'Univers, voire à sa naissance.

Malheureusement on découvrit au télescope Hubble, peu après son lancement par la navette spatiale en avril 1990, un défaut de courbure de deux millième de mm du miroir principal, suffisant pour empêcher la netteté parfaite des images produites.

Le miroir principal ne peut pas être remplacé, mais comme le télescope a été conçu pour être entretenu et réparé dans l'Espace, des astronautes remplaceront l'un de ses instruments par un nouveau jeu de miroirs. Malgré sa défectuosité, le télescope spatial Hubble peut envoyer des images 10 fois plus nettes que celles que recueillent les télescopes terrestres. C'est ainsi que la NASA vient de signaler (1992) que des images prises par le télescope Hubble ont révélé l'existence dans l'Univers d'amas d'étoiles gigantesques, provoqués par la collision de galaxies. Des observations du centre de la galaxie ARP 220 ont permis de voir une galaxie née de l'explosion d'étoiles, avec plus de détails que jamais auparavant.

Ci-dessous les images prises par le télescope spatial Hubble sont plus nettes que celles obtenues à partir du sol. A: image d'une galaxie prise par le télescope Hubble. B: agrandissement. D: la même photo après traitement par ordinateur. C: image optimisée de la même galaxie observée par un télescope terrestre.

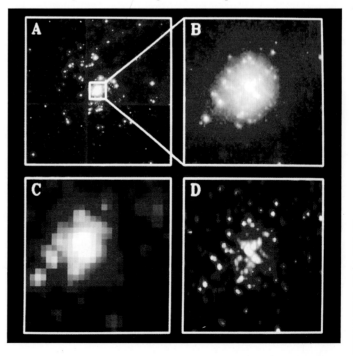

Astronomie de l'invisible

Deux instruments installés à bord du télescope Hubble pourront détecter et analyser les rayons ultraviolets invisibles à l'œil. Ceux-ci et d'autres radiations invisibles seront étudiées au moyen d'une série de sondes prévues pour cette décennie. Avant d'atteindre la Terre, une grande partie du rayonnement infrarouge spatial a été absorbé par le CO_2 et la vapeur d'eau atmosphériques. Lancé en 1983, le premier satellite astronomique infrarouge (IRAS) pouvait déceler 100 fois plus qu'un instrument basé au sol. Le dernier-né, l'observatoire spatial européen infrarouge (ISO), sera mille fois plus puissant que l'IRAS. Alors que l'IRAS balayait et cartographiait l'ensemble du ciel, l'ISO sera plus sélectif et visera des objets choisis pour mieux les détailler.

L'ISO sera suivi par d'autres missions constituant le programme spatial européen de l'horizon 2 000: le FIRST, télescope spatial dans l'infrarouge lointain et les micro-ondes, le XMM, télescope multimiroirs pour rayons X et la sonde solaire SOHO (page 25). Les trois télescopes du XMM constitueront l'instrument de captage de rayons X le plus puissant jusqu'ici. Lorsqu'il sera lancé en 1998, il sera aussi le plus grand satellite scientifique de l'ASE.

Le plus grand satellite scientifique de la NASA, le GRO, observatoire de 15 tonnes de rayons gamma, a été lancé en avril 1991. Des bouleversements dans l'univers telle l'implosion ou la mort d'une étoile, entraînent la projection de particules très rapides qui pénètrent dans les atomes avoisinants et y causent le dégagement de rayons γ hautement énergétiques. En dépit de leur énergie, les rayons γ sont absorbés par l'atmosphère terrestre de sorte que les observatoires de rayons γ doivent être situés à l'extérieur de celle-ci. GRO peut fournir la première preuve de l'existence de trous noirs – cœurs morts d'étoiles géantes dont la masse spécifique est si grande que la gravité y empêche même la lumière de s'en échapper.

Mars et la Lune

Les prochaines destinations de missions habitées d'exploration spatiale seront la Lune et Mars, les deux meilleurs candidats parce que l'environnement d'autres planètes est trop hostile à l'homme.

Les problèmes d'atterrissage sont spécifiques à chaque planète. On l'a vu pour les sondes spatiales qui doivent atterrir en douceur. L'atmosphère de Mars, par exemple, est plus ténue que celle de la Terre, et sa gravité plus faible. Malgré cela, il a fallu munir la sonde Viking d'un bouclier thermique pour la protéger au cours de sa descente vers Mars.

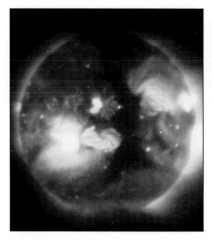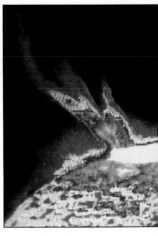

Photos du Soleil à l'ultraviolet et aux rayons X. Ces images montrent à quel point l'astronomie de l'invisible peut révéler de nouvelles informations. Celle de gauche, aux rayons X, montre l'activité en altitude dans l'atmosphère du Soleil; celle de droite, à l'ultraviolet, montre une éruption solaire près de la surface.

Exploitation minière de la Lune

Douze astronautes américains se sont déjà rendus sur la Lune, mais leurs missions n'ont duré que quelques jours. Leurs vaisseaux spatiaux et leurs fusées n'étaient pas réutilisables. Cette fois, si les Américains retournent sur la Lune, ce sera pour y installer une base permanente, servant à la recherche scientifique et peut-être à l'exploitation minière commerciale. La Lune est riche en minéraux, mais dans un avenir prévisible, le transport de minéraux vers la Terre ne sera pas rentable. Le matériau lunaire qui a la valeur la plus élevée peut fort bien être l'hélium 3.

Première photo en couleurs de la surface de Mars prise par Viking 7 et montrant le sol martien rougeâtre et de structure non cohérente

L'exploration de Mars sans équipage pourrait utiliser des «Jeeps» martiennes pour circuler en terrain difficile. Ce modèle de véhicule est équipé d'une tarière, d'un anémomètre, d'un thermomètre, d'un analyseur de sol et de gaz. Il est propulsé par une source nucléaire.

Les savants tentent de mettre au point un nouveau générateur d'énergie, le réacteur à fusion nucléaire. Au lieu de provoquer la fission nucléaire de matériaux dangereux tels l'uranium et le plutonium comme dans les centrales nucléaires actuelles, la fusion nucléaire consiste à fusionner des atomes de corps non radioactifs tels l'hydrogène et l'hélium, ce qui, en provoquant une perte de masse, libère l'énergie correspondante. Un isotope de l'hélium, l'hélium 3, se prête particulièrement bien à la fusion. Mais contrairement à la Lune, la Terre n'en recèle que de faibles quantités. On pourrait trouver sur la Lune suffisamment d'hélium 3 pour satisfaire les besoins de la Terre en énergie électrique durant de nombreux millénaires.

Il est possible que la construction d'une base lunaire débute vers l'an 2010. Ses équipages et leurs ravitaillements seraient transportés de la Terre à la station orbitale Freedom (pages 34 et 35) par avion spatial. Un vaisseau spatial les amèneraient alors en orbite lunaire où une navette de transfert les chargerait pour les déposer sur la Lune.

Missions vers Mars

L'envoi d'astronautes vers Mars a fait l'objet de nombreuses recherches au cours des dernières années. Des études récentes de la NASA envisagent de diviser la première phase d'une telle tentative en 4 missions. La première déposerait un équipage de 3 astronautes sur Phobos, l'une des lunes de Mars, et enverrait un module habitable vers Mars pour servir de logements de soutien pour la deuxième mission. Des robots collecteraient aussi des échantillons du sol martien et les ramèneraient sur Phobos où ils seraient analysés.

La deuxième mission débarquerait cinq astronautes sur Mars où ils séjourneraient un an pour effectuer des recherches et explorer les lieux. La troisième mission avec cinq astronautes irait sur Mars et Phobos pour y construire la première partie d'un système destiné à fabriquer du propergol pour fusées au départ de roches et de minéraux recueillis sur place. La quatrième mission, de cinq astronautes également, transporterait la seconde partie du système de fabrication de propergol.

La première phase des quatre missions préparerait la voie aux missions ultérieures qui construiraient la base elle-même. Le plan prévoit le départ de la première mission en 2004. Chaque mission durerait jusqu'à 3 ans. Un intervalle d'un an séparerait le retour d'une mission et le décollage de la suivante.

---

radioactif: doué de radioactivité
Radioactivité: propriété que possèdent certains éléments de se transformer par désintégration en un autre élément par suite d'une modification du noyau de l'atome en émettant des rayonnements corpusculaires α (hélions) ou β (électrons) ou électromagnétiques (rayons γ)
NASA: acronyme du terme anglais: «National Aeronautics and Space Administration» ou administration nationale de l'aéronautique et de l'Espace. Principal organisme américain de recherches aéronautiques et spatiales
astéroïde: petite planète invisible à l'œil nu dont le diamètre peut être de quelques mètres ou de centaines de kilomètres et orbitant entre Mars et Jupiter
champ magnétique: portion de l'espace dans lequel un effet se manifeste

La survie dans l'Espace

Tout au long de l'histoire, l'homme a exploré son environnement. Chaque génération a recherché des sites jamais encore explorés. La technologie spatiale a permis à l'être humain de quitter la Terre pour la première fois. Des sondes spatiales inhabitées autorisent une bonne part de l'exploration et de la recherche scientifique, mais l'homme demeure l'explorateur, l'observateur et l'expérimentateur le plus polyvalent.

Jusqu'à la mise en service de la navette spatiale américaine en 1981, la plupart des astronautes étaient des pilotes chevronnés de l'aviation militaire. Les équipages de la navette spatiale sont constitués d'astronautes spécialisés dans des tâches particulières mais variées. Le commandant de bord et son adjoint pilotent la navette. Les spécialistes de la mission s'occupent des systèmes qui ont trait à l'orbiteur et à la mise en œuvre de sa charge utile. On peut trouver également un ou plusieurs spécialistes de la charge utile, scientifiques ou ingénieurs entraînés à procéder à des expériences. En 1991, la navette spatiale américaine Columbia emporta trois spé-

Construire dans l'Espace. Érection d'une structure à partir de la soute de la navette spatiale Atlantis

La combinaison spatiale de l'avenir. Test de confort et de souplesse de la future combinaison spatiale AX-5. L'AX-5 est l'un des modèles retenus pour la station spatiale Freedom.

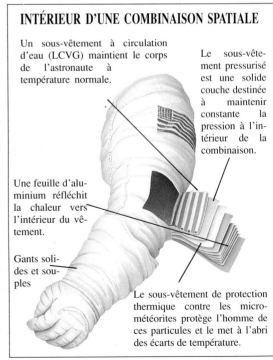

INTÉRIEUR D'UNE COMBINAISON SPATIALE

Un sous-vêtement à circulation d'eau (LCVG) maintient le corps de l'astronaute à température normale.

Le sous-vêtement pressurisé est une solide couche destinée à maintenir constante la pression à l'intérieur de la combinaison.

Une feuille d'aluminium réfléchit la chaleur vers l'intérieur du vêtement.

Gants solides et souples

Le sous-vêtement de protection thermique contre les micro-météorites protège l'homme de ces particules et le met à l'abri des écarts de température.

cialistes, 29 rats et des milliers de méduses pour étudier les effets de l'apesanteur sur les organismes. À l'avenir, il y aura à bord davantage de spécialistes, par exemple, dans les domaines de la construction, de la médecine et de la sécurité.

Systèmes de survie

L'atmosphère terrestre est indispensable à la survie de l'homme, qui doit en reconstituer un substitut lorsqu'il s'en échappe. Le système d'appui logistique d'un vaisseau spatial assure des conditions confortables de vie et de travail. Celui de la navette spatiale américaine par exemple est très élaboré. Il permet de recycler l'air de la navette et d'y ajouter de l'oxygène en cas de besoin, il maintient à l'intérieur une pression égale à celle de la pression atmosphérique au niveau du sol ainsi que le conditionnement de l'air.

Il arrive que des astronautes doivent sortir de leur vaisseau spatial. Au cours de chaque mission Apollo, deux astronautes se sont aventurés sur la surface lunaire. Tous deux portaient un havresac renfermant un système de survie. Les futurs astronautes disposeront non seulement de ce système mais aussi d'un engin spatial individuel leur permettant de manœuvrer dans l'Espace, et de véhicules leur permettant de circuler à la surface d'autres planètes.

Un engin spatial individuel

Les astronautes appelés à manœuvrer autour de l'orbiteur peuvent utiliser un siège de manœuvre (MMU) fixé au havresac contenant le système de survie. Le MMU permet des mouvements dans tous les sens grâce à deux poignées de commande dont le maniement actionne de petits moteurs d'orientation à réaction à azote comprimé (24 au total). Les astronautes chargés de construire ou de réparer de grandes structures dans l'Espace auront besoin de MMU. Le MMU a été conçu pour la NASA par la société aérospatiale américaine Martin Marietta. Deux sièges de manœuvre ont été construits et utilisés pour la première fois au cours du vol 41-B de la navette spatiale dans le courant du mois de février 1984.

Bruce McCandless fut en 1984 le premier homme à voler dans l'Espace sans être relié à un vaisseau spatial. Il s'éloigna à plus de 100 mètres de la navette à l'aide d'un MMU.

Avions spatiaux réutilisables

Jusqu'en 1981, tous les satellites et les sondes de l'Espace lointain étaient lancés par des fusées utilisées une seule fois.

Si l'exploration et les voyages spatiaux sont destinés à se développer, avec des équipages effectuant des visites régulières aux laboratoires et aux entreprises en orbite, il faut développer un vaisseau spatial d'un type nouveau, réutilisable. La navette spatiale américaine constitue le premier pas dans cette direction.

La navette spatiale américaine

La navette spatiale américaine fut lancée pour la première fois le 12 avril 1981. Elle est constituée d'un orbiteur réutilisable dans lequel vit et travaille l'équipage, et reliée à un réservoir à carburant et à deux fusées d'appoint. Trois moteurs principaux et deux fusées d'appoint sont nécessaires pour soulever la navette de la plate-forme de lancement et lui imprimer la poussée requise à sa mise en orbite. Leur tâche accomplie, le réservoir à carburant et les fusées d'appoint se détachent et tombent vers l'océan Atlantique. Le réservoir est perdu, les corps de fusées sont récupérés en mer et

L'avion spatial NASP vu ici peu avant un rendez-vous avec un satellite en orbite circumterrestre

réutilisés après remplissage.

Trois navettes, Columbia, Atlantis et Discovery, effectuent régulièrement des vols spatiaux en orbite circumterrestre. Challenger, la quatrième, explosa peu après son lancement le 28 janvier 1986 tuant son équipage de 7 astronautes.

L'étape suivante consiste à fabriquer un véhicule spatial totalement réutilisable, mais ce n'est encore qu'un projet. Entre-temps, plusieurs pays ont planifié la construction de navettes. L'URSS est le seul pays autre que les États-Unis a en avoir lancé une inhabitée, le Buran, qui a effectué un vol d'essai.

Le NASP, étape suivante

Le projet le plus ambitieux d'avion spatial est le NASP américain. Il porte l'appellation X-30. Le NASP décollera d'une piste d'aérodrome, accélérera jusqu'à atteindre 25 fois la vitesse du son au sol puis rejoindra une orbite circumterrestre ou ralliera un autre aérodrome. Il pourra effectuer un vol Washington-Tokyo en deux heures au lieu des 16 heures requises par les avions actuels. Le projet X-30 requerra de nouveaux matériaux pour résister aux températures extrêmes provoquées par la friction de l'air sur le revêtement de l'avion ainsi qu'un moteur d'un type nouveau capable de propulser l'appareil à des vitesses aussi élevées.

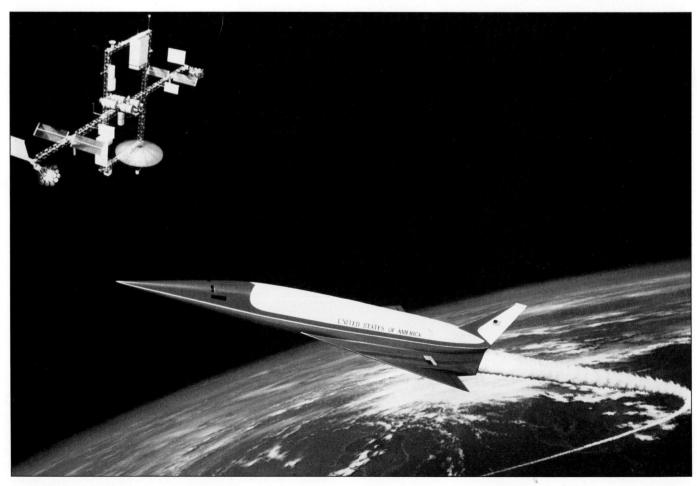

HOTOL (ci-dessus) décollant du dos d'un Antonov AN-225 à l'altitude de 9 000 mètres. À gauche, photo d'une maquette de Sänger à l'échelle 1/8

Hermès

Entre-temps, l'Agence Spatiale Européenne (ASE) œuvre à la conception de sa propre navette, Hermès. La navette européenne qui sera lancée par la fusée européenne Ariane 5, sera plus petite que la navette américaine. Hermès est un planeur d'une masse de 21 tonnes pour une longueur de 15,5 mètres et une envergure de 10 mètres. Des charges, fragmentées, seront lancées par des fusées Ariane. Hermès emportera un équipage de trois astronautes. Les vols devraient débuter à la fin du siècle quand Hermès sera utilisée pour voler vers la station spatiale américaine Freedom (pages 34 et 35).

HOTOL

En Grande-Bretagne, un avion spatial appelé HOTOL (à décollage et à atterrissage horizontaux) est en cours de développement comme lanceur de satellites inha-bités. HOTOL sera équipé d'un moteur révolutionnaire, développé par Rolls-Royce. Ce moteur fonctionnera dans l'atmosphère comme un moteur d'avion à réaction et dans l'Espace comme un moteur-fusée. Conçu à l'origine pour décoller du sol, HOTOL peut être lancé du dos de l'avion le plus grand et le plus lourd du monde, l'Antonov AN-225, de fabrication soviétique.

Sänger

D'autres pays dont l'Allemagne et le Japon planifient également la fabrication d'avions spatiaux. Le projet allemand est un vaisseau à deux étages appelé Sänger. Le lanceur, un avion à réaction, transporte sur son dos l'orbiteur appelé Horus. Après décollage d'une piste, le lanceur accélérera jusqu'à atteindre 6 fois la vitesse du son au sol, puis à l'altitude de 35 km, l'avion spatial Horus propulsé par fusée se séparera du porteur et poursuivra son vol vers l'orbite désignée.

Vivre dans l'Espace

Il est impossible d'effectuer au cours du laps de temps réduit d'une mission de la navette spatiale toutes les expériences, observations et tests de procédés de fabrication souhaités. Des missions plus longues s'y prêteraient mieux. L'étape suivante dans la recherche spatiale est donc logiquement la mise en orbite permanente d'un engin spatial habité: une station spatiale. Les stations spatiales peuvent aussi servir de relais d'étape où les équipages seraient relevés et où l'entretien et les pleins de carburant seraient effectués avant de poursuivre le vol, vers la Lune par exemple. Des engins destinés aux missions habitées les plus longues, vers Mars et au-delà, pourraient être assemblés par des spécialistes au voisinage d'une telle station spatiale proche.

Les États-Unis et l'URSS ont tous deux expérimenté de petites stations spatiales. Les premiers dans les années 1970 avec Skylab, mais les seconds ont acquis davantage d'expérience au début des années 1990 avec le développement et la mise en service des stations orbitales Saliout et son grand frère Mir. L'ASE a construit Spacelab, un laboratoire orbital qui peut prendre place dans la soute de la navette spatiale. Les astronautes européens y ont acquis une expérience valable du travail dans l'Espace.

Freedom

En 1980, le Président américain Ronald Reagan engagea son pays dans la construction d'une station spatiale habitée en permanence, appelée Freedom, dont la première partie doit être entreprise au milieu de cette décennie. Les premières équipes temporaires de scientifiques pourraient entamer, dès 1997, leurs travaux à bord de Freedom. Au début du siècle prochain, celle-ci devrait être habitée en permanence. La première étape consiste à construire à 400 km de la Terre une ossature métallique de 155 m de long. Les logements et les laboratoires appelés modules seront ensuite fixés à l'ossature. Ces modules auront 13 m de long. Un système d'amarrage de la navette est spécialement prévu. L'énergie électrique sera fournie par d'énormes panneaux solaires de 30 m sur 10. Les Européens et les Japonais viendront arrimer à la station leurs propres modules. Le module européen (qui fait partie du programme de l'ASE, baptisé Columbus) constituerait le quartier européen de la station Freedom. Il s'agit d'un module cylindrique de 12 mètres de long sur 4,5 mètres de large, d'une masse à vide de près de 15 tonnes.

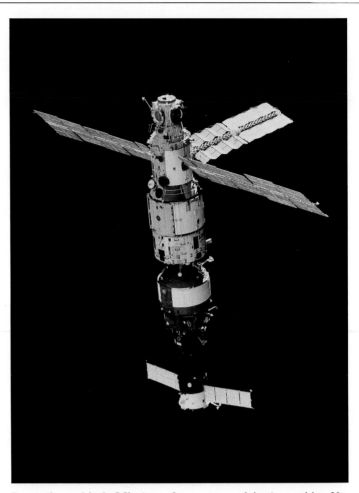

La station orbitale Mir (avec 3 panneaux solaires) en orbite. Un module Soyouz y est amarré.

Une station spatiale, pour quoi faire?

Freedom sera en orbite circumterrestre à environ 300 km de la Terre. Les missions de l'équipage seront variées: inspection de satellites avant lancement, réparation de satellites, expériences de laboratoire et surveillance de la Terre. La station peut servir de base de ravitaillement en carburant pour les engins chargés de missions lointaines, vers Mars ou la Lune. Elle fournit l'occasion d'étudier les effets de l'apesanteur sur l'homme, question vitale si les séjours dans l'Espace sont prolongés. Et un jour, qui sait? des gens comme vous et moi auront peut-être l'occasion d'effectuer une visite dans l'Espace.

Columbus

Les États-Unis ont invité d'autres nations et agences spatiales à participer au projet de station spatiale Freedom. Appelée Columbus, la contribution européenne comprendra l'un des modules au centre de la station. De 4 à 8 astronautes séjourneront et travailleront dans un laboratoire fixé au module. Le projet Columbus comprend aussi deux plates-formes orbitales, indépendantes de la station spatiale. Le laboratoire autonome

La station spatiale Freedom

Sur cette œuvre d'imagination, on voit la navette spatiale amarrée à la station.

LA VIE DANS UNE STATION SPATIALE

Le module hôtelier de la station Freedom sera pourvu de tout ce dont l'équipage aura besoin pour survivre dans l'Espace y compris un système d'entretien de l'environnement – purification de l'air et de l'eau. Les endroits importants ou dangereux telles les écoutilles et les mains-courantes, seront soulignés par des couleurs vives.

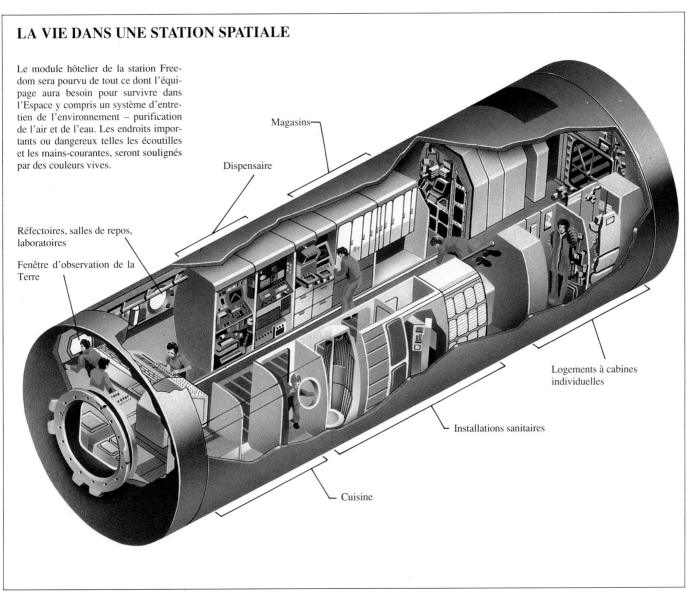

Magasins

Dispensaire

Réfectoires, salles de repos, laboratoires

Fenêtre d'observation de la Terre

Logements à cabines individuelles

Installations sanitaires

Cuisine

Columbus sera en orbite terrestre à proximité de la station spatiale. Il servira à des expériences trop délicates pour être menées à bien à bord de la station où elles risqueraient d'être affectées par des changements d'altitude ou des vibrations causées par le va-et-vient des astronautes. Des astronautes y effectueront régulièrement des visites d'inspection et d'entretien. La plate-forme de Columbus en orbite polaire collectera les informations destinées à l'étude du climat de la Terre.

Industrie spatiale

La pesanteur terrestre est essentielle à la vie sur Terre mais elle peut handicaper sérieusement les fabricants de certains matériaux et produits. Sur Terre, des mélanges liquides sont souvent affectés par la sédimentation. Les particules les plus grosses du mélange descendent, les plus légères demeurent au-dessus de sorte que lorsque le mélange est solidifié sa texture n'est pas homogène. En orbite circumterrestre, en l'absence de pesanteur, les mélanges demeurent parfaitement homogènes. Un autre problème est la convection. Si la température d'un liquide n'est pas homogène, les régions les plus chaudes tendent à monter, les plus froides à descendre. Ce phénomène, comme la sédimentation, n'existe pas en apesanteur.

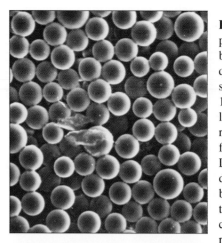

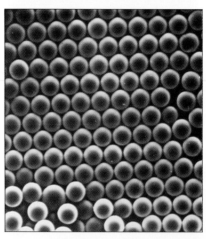

Les microsphères de la photo du bas ont été fabriquées au cours de quatre vols de la navette spatiale entre 1982 et 1984. Des sphères similaires fabriquées sur Terre (au-dessus) sont déformées par la pesanteur. Les sphères utilisées dans des instruments de calibrage et de mesure de la taille de particules microscopiques constituèrent les premiers produits de fabrication spatiale destinés à la consommation sur Terre.

Développement d'un cristal protéinique (PCG) dans l'Espace dans le cadre d'un programme de développement commercial de l'Espace conçu par la NASA

L'astronaute européen Ulf Merbold (à gauche) actionne un four de traitement des métaux et d'élaboration de cristaux.

Fabrication de médicaments

La fabrication de médicaments modernes postule souvent la production de substances de synthèse extrêmement pures. Sédimentation et convection entravent cette réalisation. On peut fabriquer dans l'Espace des substances d'une bien plus grande pureté. Leur coût de production y est infiniment plus élevé mais cette dépense peut se justifier par la pureté accrue d'une production plus importante. Les médicaments fabriqués dans l'Espace pourraient un jour contribuer à guérir de nombreuses maladies.

Cristaux, verre et métaux

De grands cristaux purs sont utilisés dans de nombreux domaines technologiques, des puces d'ordinateurs aux lasers. La pesanteur compromet la rigueur de la structure d'un cristal en formation; dans l'Espace, cet écueil n'existe pas. On a déjà fabriqué dans l'Espace des cristaux 50 fois plus grands que ceux réalisés sur Terre.

Dans le futur, on fabriquera dans l'Espace des quantités et des variétés plus importantes de cristaux au bénéfice des industries terrestres.

Certains matériaux sont d'une fabrication difficile parce qu'en réagissant au contact de leurs récipients, ils perdent de leur pureté. Comme ils ne nécessitent aucun récipient en orbite, leur pureté peut être garantie. Ils peuvent être contenus ou manipulés par des flux de gaz inertes ou, s'ils sont magnétisables, peuvent tenir dans un champ magnétique, appelé «bouteille magnétique». Le verre fabriqué sur Terre est souvent contaminé par l'enceinte dans laquelle il est traité. Dans l'Espace, du verre très pur utilisé dans les lasers et les systèmes optiques tels les télescopes peut être fabriqué sans creuset.

Certains minéraux fabriqués à température élevée se prêtent fort bien à la fabrication spatiale. Dans ce procédé, appelé frittage, des poudres métalliques sont agglomérées et deviennent solides sous l'action de la pression et de la chaleur. Des composants de moteurs à réaction, de moteurs et de matériaux magnétiques sont réalisés par frittage. Dans l'Espace, on obtient un produit fini plus homogène et plus résistant.

Il est probable qu'initialement, seules de petites quantités de matériaux très onéreux ont des chances de voir le jour dans l'Espace; plus tard, lorsque l'on disposera de moyens de fabrication plus importants à bord de stations spatiales, et de plates-formes autonomes en orbite, l'apesanteur spatiale sera exploitée pour la fabrication en plus grandes quantités de davantage de matériaux.

Dangers de l'Espace

Sous différents aspects, l'Espace se révèle aux instruments scientifiques plus accueillant que la Terre. Il est dépourvu de l'eau qui, sur Terre, favorise les courts-circuits, de nuages obscurcissant la vue, de tempêtes de sable et de poussières qui rayent les surfaces, se déposent sur les lentilles, des vibrations qui secouent les instruments. Cependant, au-delà de la couverture protectrice de l'atmosphère terrestre, l'Espace présente des dangers spécifiques pour les instruments et pour l'homme, notamment des débris spatiaux et des radiations. Contrairement à ce que s'imaginent la plupart des profanes, l'Espace n'est pas vide. Il est parcouru de débris spatiaux de toutes sortes, artificiels ou naturels: particules arrachées aux sondes, fusées spatiales, engins spatiaux de tous genres, poussières et météorites de plus grande taille provenant de planètes lointaines. On se souviendra que la sonde Giotto était munie d'un bouclier protégeant les appareils scientifiques d'un impact éventuel de débris de la comète de Halley.

Débris spatiaux

La taille des débris errant dans l'Espace va des particules microscopiques aux morceaux de fusées et de satellites de plusieurs mètres. Les objets métalliques les plus grands, à partir d'un diamètre de 10 cm environ, peuvent être poursuivis par radar ou observés par des instruments optiques terrestres.

Mais sans la protection de l'atmosphère terrestre, de petites particules qui ne peuvent pas être décelées sont également dangereuses. Au cours du septième vol de la navette spatiale américaine, une des fenêtres de l'habitacle fut heurtée par un objet minuscule qui creusa dans le verre un cratère de 4 mm de diamètre. À l'examen, on découvrit des traces d'oxyde de titane, d'aluminium, de carbone et de potassium, des ingrédients de la peinture blanche. La navette avait été heurtée par un éclat de peinture d'un diamètre de 0,2 mm, provenant peut-être d'un satellite.

Un engin spatial a d'autant plus de chances de collision dans l'Espace, que sa taille est grande et sa durée de séjour prolongée. Les stations spatiales ont le plus de chances d'être atteintes. La station spatiale Freedom sera probablement protégée par des boucliers en matériaux plastiques.

Radiations

Les radiations dans l'Espace peuvent se présenter sous formes de particules ou d'ondes radio en provenance du Soleil, d'étoiles lointaines et de galaxies. Des radiations, principalement solaires, peuvent être pathogènes voire létales, à dose élevée. Des éruptions solaires subites peuvent provoquer un accroissement soudain du rayonnement atteignant la Terre. L'atmosphère en arrête la majeure partie, mais les astronautes ou même des pilotes d'avions volant à haute altitude tel le Concorde peuvent être affectés. Les astronautes en service à bord de stations spatiales et en mission de longue durée vers les planètes devront être protégés, peut-être en construisant des abris dans lesquels ils pourraient se retirer au cours des périodes de rayonnements intenses.

Effets physiques

Outre les radiations, les organismes des astronautes subissent d'autres effets nocifs au cours de séjours prolongés dans l'Espace. Le corps humain est constitué pour vivre dans l'atmosphère terrestre, soumis à la pesanteur. Dans l'Espace, en apesanteur, l'organisme commence à subir des modifications pour s'adapter à des conditions nouvelles.

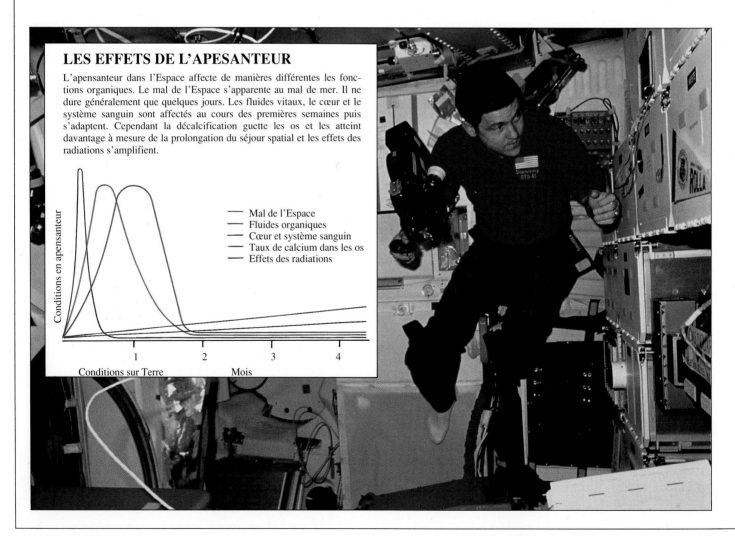

LES EFFETS DE L'APESANTEUR

L'apensanteur dans l'Espace affecte de manières différentes les fonctions organiques. Le mal de l'Espace s'apparente au mal de mer. Il ne dure généralement que quelques jours. Les fluides vitaux, le cœur et le système sanguin sont affectés au cours des premières semaines puis s'adaptent. Cependant la décalcification guette les os et les atteint davantage à mesure de la prolongation du séjour spatial et les effets des radiations s'amplifient.

Conditions en apesanteur

— Mal de l'Espace
— Fluides organiques
— Cœur et système sanguin
— Taux de calcium dans les os
— Effets des radiations

1   2   3   4

Conditions sur Terre   Mois

Les astronautes sont soumis à des tests permanents et surveillés pour vérifier la réaction de leur organisme à la vie dans l'Espace (ci-dessous). L'exercice est important. On voit ci-dessus le cosmonaute Youri Romanenko sur un tapis roulant à bord de la station orbitale Mir. Il est vital pour les équipages de vivre et de travailler dans une atmosphère amicale (au-dessus à droite).

Certains changements tel le mal de l'Espace sont généralement éphémères. En l'absence de pesanteur, certains astronautes ont le vertige et la nausée. L'affection ressemble au mal de mer et disparaît généralement au bout de quelques jours.

D'autres changements sont plus graves. Les muscles s'atrophient par suite de manque d'efforts exercés naturellement au sol contre la pesanteur. L'ossature se décalcifie, les os deviennent par conséquent plus fragiles. Les problèmes dus à ces effets peuvent durer longtemps après le retour sur Terre. Les cosmonautes soviétiques sont parvenus à minimiser ces conséquences physiologiques en appliquant un programme d'exercices astreignants. Certains cosmonautes sont restés en orbite durant un an. Cependant, l'exercice peut ne pas suffire à maintenir la condition physique des astronautes pour un long voyage, de près de 3 ans, vers Mars par exemple. Le vaisseau spatial peut devoir être mis en rotation afin de créer une pesanteur artificielle. L'étude de cette innovation requerra probablement la construction d'une chambre d'essai de pesanteur artificielle dans la station spatiale Freedom ou sur une plate-forme autonome expérimentale en orbite voisine.

Problèmes psychologiques

Jusqu'ici la plupart des missions spatiales de courte durée n'ont pas manqué d'activité. Les astronautes n'ont guère le temps de s'ennuyer. Des séjours plus longs à bord de stations spatiales ou des vols vers Mars ou d'autres planètes lointaines pourraient s'accompagner de périodes peu actives. De surcroît, des séjours prolongés dans l'Espace affectent l'organisme humain. Solitude et ennui pourraient constituer la source de problèmes mentaux sérieux qu'il appartient aux inventeurs de vaisseaux spatiaux de résoudre avec la collaboration de psychologues.

Colonies spatiales

Dans l'état actuel de nos connaissances, la Terre est la seule planète de l'Univers où vivent des êtres intelligents. Après une évolution de millions d'années, l'homme a amorcé un début d'émigration de sa planète natale. Il est probable que dans le futur, des astronautes et leurs familles s'installeront dans des bases spatiales permanentes ou coloniseront la Lune. Semblables aux premiers immigrants européens arrivés dans les mondes nouveaux d'Australie et d'Amérique du Nord, ils emporteront une cargaison initiale d'approvisionnements, ils auront ensuite à fabriquer et à cultiver ce dont ils auront besoin.

Les habitants de telles colonies devront être protégés des dangers tels le feu, les radiations spatiales, les parasites alimentaires, des fuites ou des défauts dans les structures et de la contamination des réserves d'eau. Sur terre, si des conditions locales rendent la vie intolérable, la migration constitue un remède. Mais d'une colonie spatiale ou d'un camp sur la Lune, il n'y a guère de fuite possible. La structure habituelle doit être sûre, les systèmes de survie des gens et des plantes doivent fonctionner harmonieusement. C'est là un défi qu'il appartient à la science de relever.

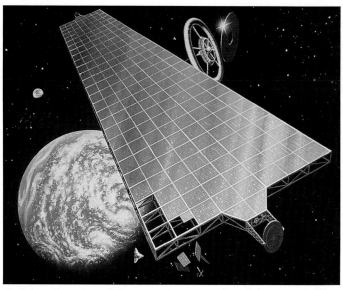

Construction dans l'Espace d'une centrale solaire sur satellite. Cette installation devrait générer de l'électricité à partir de l'énergie solaire et la transmettre à la Terre. Cette œuvre d'imagination montre à l'arrière-plan une colonie de structure annulaire qui est l'hôtel des constructeurs.

La Nouvelle Terre...

L'effet de serre et l'endommagement de la couche d'ozone nous ont appris que les activités humaines peuvent affecter le climat d'une planète. Il est théoriquement possible de modifier intentionnellement le climat d'une autre planète. Au lieu de polluer et d'endommager l'atmosphère de la planète comme nous l'avons

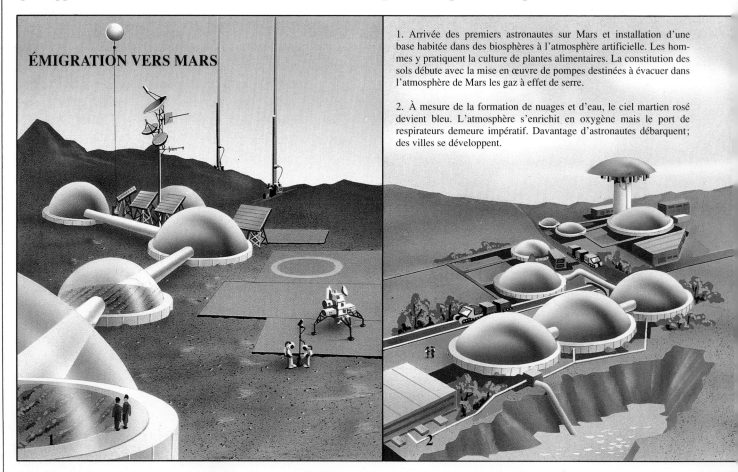

ÉMIGRATION VERS MARS

1. Arrivée des premiers astronautes sur Mars et installation d'une base habitée dans des biosphères à l'atmosphère artificielle. Les hommes y pratiquent la culture de plantes alimentaires. La constitution des sols débute avec la mise en œuvre de pompes destinées à évacuer dans l'atmosphère de Mars les gaz à effet de serre.

2. À mesure de la formation de nuages et d'eau, le ciel martien rosé devient bleu. L'atmosphère s'enrichit en oxygène mais le port de respirateurs demeure impératif. Davantage d'astronautes débarquent; des villes se développent.

fait sur Terre, certains savants estiment possible de transformer l'atmosphère hostile d'une planète voisine en un environnement viable. Procéder à cette transformation et la réussir de cette manière reviennent à former ou créer une Terre nouvelle où l'homme peut vivre.

Cette tâche serait gigantesque, extrêmement onéreuse et requerrait des siècles. Mars et Vénus paraissent les candidates les mieux classées dans cette optique. Mais les conditions régnant sur Vénus semblent à ce point extrêmes que l'entreprise envisagée ici n'aurait guère de chances de réussir. La température moyenne à sa surface dépasse 450°C, assez pour provoquer la fusion du plomb. Mais certains scientifiques croient que l'atmosphère martienne pourrait être modifiée pour créer un monde proche de celui de la Terre. Un des plans imaginés inclut la gazéification de matériaux existants sur Mars de façon à créer une atmosphère capable d'entretenir l'effet de serre. Les gaz générés commenceraient par emprisonner davantage d'énergie solaire, ce qui réchaufferait la planète. Les glaces des pôles martiens réfléchissent la chaleur dans l'Espace, mais on pourrait diminuer ce pouvoir réfléchissant en assombrissant cette glace par des cultures artificielles de plantes primitives ou en la faisant fondre à l'aide d'immenses miroirs qui concentreraient la lumière solaire sur les pôles martiens.

À mesure de la fonte des glaces et de l'évaporation de l'eau dans l'atmosphère, des nuages commenceraient à se former et le ciel martien passerait de sa teinte rosâtre actuelle à un bleu proche de celui du ciel terrestre. Pour la première fois en des millions d'années, de la pluie tomberait, des lacs se formeraient et des fleuves naîtraient. La quantité d'anhydride carbonique atmosphérique diminuerait en se dissolvant dans des eaux de surface et les plantes se répandraient à travers la planète. L'ensemble du processus exigerait de quelques siècles à plusieurs millénaires, durée très longue à première vue, mais relativement brève en fait, si l'on sait que l'évolution naturelle d'une planète requiert des milliards d'années.

Il n'y aura vraisemblablement aucune tentative du genre avant que les premiers «Terriens» atterrissent sur Mars pour étudier la planète en détail. Cette aventure pourrait avoir lieu vers le milieu du siècle prochain.

Matière à réflexion

• Dans un contexte de délassement spatial, quelle influence peut avoir, à votre avis, l'absence de gravité sur les jeux que vous pratiquez sur Terre? Quels jeux nouveaux, impraticables sur Terre, seraient possibles dans l'Espace?

3. La température de Mars continue à s'élever. La planète entière se couvre de végétation et verdit. Formation de fleuves et de mers. Premières récoltes de cultures vivrières. Mais il n'y a pas d'animaux par défaut d'une quantité suffisante d'oxygène.

4. Des machines fabriquent de l'oxygène qui est évacué dans l'atmosphère. Les respirateurs deviennent superflus et l'introduction d'animaux débute.

Conclusions

Certaines tendances se font jour dans la science de l'Espace. La taille des satellites scientifiques diminuera et leur nombre augmentera probablement si l'encombrement des instruments à emporter le permet; dans le même temps, les satellites de communications et les stations spatiales habitées deviendront plus vastes, leur taille n'étant limitée que par la capacité des fusées de lancement. Les vols spatiaux habités continueront de pair avec l'occupation de stations spatiales habitées, de bases lunaires et peut-être d'une mission habitée vers Mars au début du siècle prochain.

Cependant aucune branche scientifique ou technologique n'existe isolément. Les découvertes et les développements dans une branche sont souvent exploités par les scientifiques dans des domaines totalement différents. La science de l'Espace ne constitue pas une exception et ses retombées continueront à bénéficier à tous dans d'autres développements nouveaux.

Des milliers de matériaux nouveaux et de pièces d'équipement développés pour les systèmes spatiaux ont déjà trouvé des applications ailleurs. Des vêtements de protection et des appareils respiratoires utilisés par des pompiers américains sont dérivés de systèmes spatiaux développés dans les années 1970. Jusqu'alors les équipements respiratoires utilisés par les pompiers étaient si encombrants que leur utilisation dans des espaces réduits était aléatoire. Leur poids aussi entravait sérieusement le travail des pompiers. Le nouveau système développé au centre spatial Johnson de Houston au Texas était beaucoup plus petit et sa masse était réduite d'1/3. À l'heure actuelle, tous les fabricants d'équipements respiratoires utilisent d'une manière ou d'une autre la technologie spatiale.

Des outils sans fil, largement répandus dans l'industrie et à domicile, dérivent d'outils conçus pour la récolte d'échantillons lunaires par les astronautes d'Apollo. Les appareils de surveillance employés dans les hôpitaux pour leur patients utilisent la technologie développée pour surveiller l'état des astronautes.

Un manche à balai utilisé par des constructeurs de voitures gravement handicapés dérive de celui qui fut conçu pour le véhicule lunaire de la mission Apollo. Lors de ses déplacements sur la Lune, cet engin électrique était piloté d'une seule main par les astronautes d'Apollo.

Les scientifiques médicaux ont développé de nombreux moyens d'obtenir des images de l'intérieur du corps humain. La science spatiale a fourni de nouveaux moyens d'amélioration et d'analyse de l'image. Une technique particulière, appelée Imagerie par Résonance Magnétique (IRM) produit des images plus difficiles à

On voit ici, utilisant un outil polyvalent, occupée à souder des plaques métalliques (à droite) la cosmonaute Svetlana Savitskaya, première femme à marcher dans l'Espace. Les outils sans fil (encadré) ont été aussi adaptés à une utilisation terrestre. Des combinaisons ignifuges utilisées par les pompiers et des instruments de surveillance (ci-dessous) dans les hôpitaux constituent deux exemples d'adaptation de la technologie de l'Espace à une utilisation terrestre.

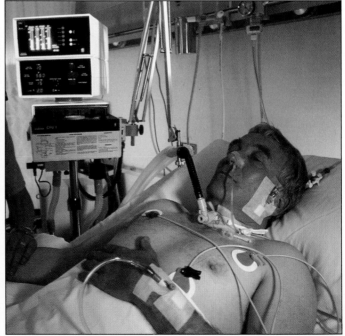

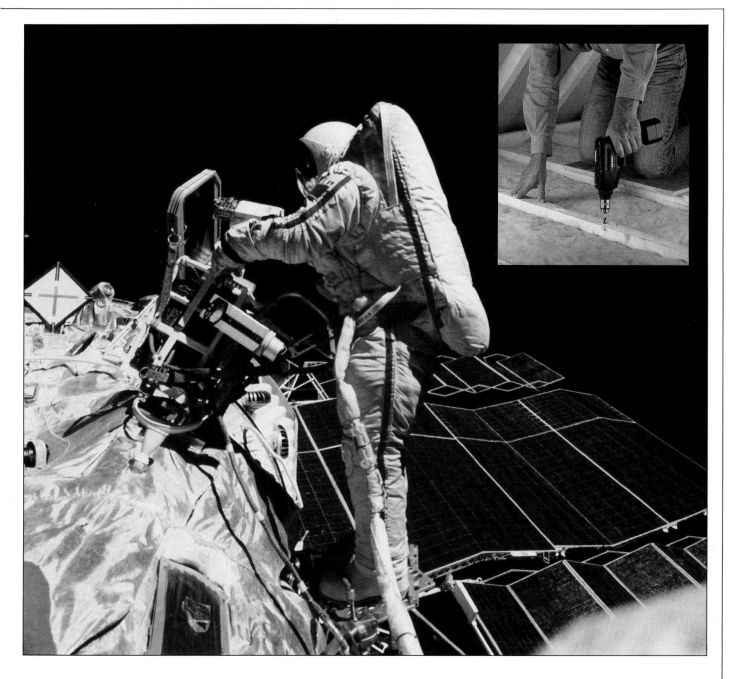

interpréter que les radiographies classiques. Les scientifiques de l'Espace ont déjà développé des moyens de convertir en images facilement compréhensibles des planètes et des étoiles la quantité énorme d'informations renvoyées sur Terre par des sondes de l'Espace lointain. Les mêmes méthodes ont été utilisées dans l'IRM (imagerie par résonance magnétique).

Cap Canaveral, la base de lancement de la plupart des engins spatiaux américains, est située sur la côte est de la Floride. En l'absence d'une protection contre la corrosion provoquée par les embruns salés constamment transportés par le vent, les tours métalliques de lancement seraient aujourd'hui endommagées. Des peintures spéciales et d'autres revêtements développés pour protéger les tours ont été rapidement utilisés ensuite pour protéger des ponts, des oléoducs, des navires et des plates-formes de forage.

Les projets spatiaux militaires ont également des retombées sur la technologie civile. Une arme dérivée du projet d'IDS, Initiative de Défense Stratégique ou Guerre des Étoiles, est utilisée maintenant dans le traitement du cancer. L'objectif de cette arme dans l'IDS était de détruire les satellites ennemis dans l'Espace au moyen d'un faisceau puissant de protons. Mais un faisceau de protons peut aussi être focalisé pour détruire des cellules cancéreuses sans endommager les cellules saines qui les entourent.

Dans un proche avenir, la station spatiale américaine Freedom ainsi que la future génération d'avions spatiaux et de satellites seront probablement à l'origine de découvertes nouvelles applicables aux moteurs d'avions, de nouveaux matériaux, de technologie alimentaire, de systèmes de génération d'énergie, de médecine, etc.

Glossaire

année-lumière : unité astronomique de distance. Distance parcourue par la lumière en une année à raison de 300 000 km/seconde soit environ 9 641 000 000 000 de km

astéroïde : petite planète invisible à l'œil nu, en orbite autour du Soleil. La plupart des astéroïdes ont leur orbite entre Mars et Jupiter ; leur taille est de quelques mètres à des centaines de kilomètres.

atmosphère : couche d'air qui entoure le globe terrestre ou couche gazeuse (avec ou sans oxygène) qui entoure certaines planètes

charge utile : équipement et instruments emportés par une fusée spatiale ou un satellite

Doppler (effet –) : modification de la fréquence des ondes perçues par un observateur par rapport à la fréquence de ces ondes, à leur source, lorsque l'observateur et la source sont en mouvement relatif

électroaimant : appareil servant à la production de champs magnétiques, grâce à un système de bobines à noyau de fer doux parcourues par un courant

électromagnétiques (ondes –) : ondes énergétiques dues à la vibration d'un champ électromagnétique. Lumière, radio, rayons X, infrarouge et ultraviolet sont tous des exemples d'ondes électromagnétiques.

fac-similé (fax) : reproduction exacte d'un écrit, d'un dessin. Système de transmission de ces reproductions par téléphone

FIRST : acronyme du terme anglais «Far Infra-red and sub-millimetre Space Telescope» ou télescope spatial dans l'Infrarouge lointain et les micro-ondes

fréquence : nombre de cycles identiques d'un phénomène par unité de temps (en général, par seconde)

friction : résistance à un mouvement relatif entre des surfaces de contact

gamma (rayons) : radiations électromagnétiques très pénétrantes, de même nature que les rayons X, mais de longueurs d'ondes beaucoup plus petites

GOES (satellite –) : acronyme du terme anglais «Geostationary Operational Environmental Satellite» ou satellite opérationnel géostationnaire d'environnement. Ce terme n'est pas officiellement traduit en français.

IRAS : acronyme du terme anglais «Infra-Red Astronomy Satellite», satellite astronomique infrarouge

ISO : acronyme du terme anglais «Infra-red Space Observatory» ou observatoire spatial infrarouge

laser : acronyme du terme anglais «Light Amplification by Stimulated Emission of Radiation» ou amplificateur quantique de radiations lumineuses, monochromatiques et cohérentes, permettant d'obtenir des faisceaux très directifs et de grande puissance

longueur d'onde : espace parcouru par la vibration pendant une période. Mathématiquement, la longueur d'onde est l'inverse de la fréquence ou encore, en désignant la fréquence par «f», la longueur d'onde est égale à $\frac{1}{f}$.

orbite : trajectoire courbe d'un corps céleste ayant pour foyer un autre corps céleste

radar : acronyme du terme anglais «Radio Detection And Ranging» ou détection et télémétrie par radioélectricité. Système ou appareil de détection qui émet un faisceau d'ondes électromagnétiques très courtes et en reçoit l'écho, permettant ainsi de déterminer la direction et la distance d'un objet

SOHO : acronyme du terme anglais «Solar and Heliospheric Observatory» ou en français : sonde solaire SOHO

TOMS : acronyme du terme anglais «Total Ozone Mapping Spectrometer» ou spectromètre destiné à la cartographie de la couche d'ozone. Le terme français officiel est «instrument TOMS».

Univers : ensemble de la matière distribuée dans l'Espace et dans le temps